Impressum

Herausgeber: Schriftroller
(Gruppe des Kulturvereins Bissendorf e.V.)
Gestaltung: Michael Thomsen
Fotorechte bei: Johannes Eidt, Angela Bens, Anne Koch-Gosejacob,
Michael Thomsen
Herstellung und Verlag: BoD – Books on Demand,
Norderstedt
© 2024 Kulturverein Bissendorf e.V.
ISBN: 9783757887834

Tierisch gut

Anthologie der Gruppe „Schriftrolle"

Kulturverein Bissendorf e.V.
www.kubiss.net

Inhalt

Vorwort

Manche Tiere sind zahm und anschmiegsam. Andere sind wild oder furchterregend. Aber alle sind auf die eine oder andere Art besonders.

Die KuBISS-Autoren-Gruppe „Schriftrolle" sammelt und veröffentlicht in der zweiten Anthologie „Tierisch gut" eigene Varianten von Kurzgeschichten und Gedichten, die ganz unterschiedlich, aber immer unterhaltsam und „tierisch gut" zu lesen sind. Manche Texte werden durch Bilder von Johannes Eidt oder Fotos von Angela Bens ergänzt.

Uwe Schwindt

(Foto: Angela Bens)

Ines Täuber

Geboren 1976,
Studium der Kunstgeschichte, Geschichte und Romanistik.

Schon als Kind habe sie Gedichte und Erzählungen geschrieben.

Veröffentlichungen:
Im Schnappfroschteich (2022) ISBN 97837568274428
Försjös Abenteuer (2022) ISBN 9783756850501
Der furchtlose Kirchenmäuserich (2023) ISBN 9783758307201
Wie Flauschy seinen Zwillingsbruder Fluffy fand (2023) ISBN
9783734718717

Nachtgefährten

Sommernacht im Mondenlicht.
Unerkannt Gestalten schleichen,
werden bald aus Winkeln stille
Wiesen und Gebüsch durchstreifen.

Fangen alle Zauberwesen
eigen fremder Phantasie
auf dem Weg ins Ungewisse
zwischen Wahrheit und Magie.

Samt´ne Pfötchen, seid´nes Haar,
Sprüche schnurren in die Nacht,
Augen grüßen Mond und Sterne,
vor der Regung mahnt Bedacht.

Weichen dann die dunklen Schatten
morgendlicher Helligkeit,
liegen sie in Schlaf entglitten,
träumen sich aus Raum und Zeit.

Der Stör

Es schwimmt der Stör
in Störöpör.
Und weil es da
zu öde wör,
kaut er am Öhr
vom andern Stör
und röhrt.
Dör findet, das
sei sör empörend.
Wenn er doch
endlich aufhörn wörd.
Dann könnte ör
von dannen ziehn
und knabbern eine Möhr.

„Unter dem Fangboot." (Probedruck)

(Mit freundlicher Genehmigung von Johannes Eidt.)

8

Der äußere Schein

Zu oft schon ist es mir geschehen,
hab ich die Sänger übersehen,
die tirillierten und doch waren,
die, für das Auge unscheinbaren.

So sitzt die Amsel auf dem Dache
und hält dort stimmgewaltig wache,
hält singend alle Männchen fern,
die kämen in ihr Reich so gern.

Ganz einfach ist ihr schwarzes Kleid,
muss fürchten keinen Federneid,
doch einzigartig für sie ist,
dass sie das Singen nicht vergisst.

Wenn langsam naht die blaue Stunde
macht sie gewissenhaft die Runde
von First zu First, von Haus zu Haus,
dabei sieht sie nur schwärzlich aus.

Ähnlich ergeht's den Nachtigallen,
die abends von den Büschen hallen.
Ein kleiner Vogel ist's gewesen
ohne pompöses Federlesen.

Die Drossel abends in den Hecken
kann man vor Schlichtheit kaum entdecken.
Nur ein paar Punkte auf der Brust
hat sie, und singt nach Herzenslust.

Dagegen solch ein bunter Hahn,
der täglich nur mal krähen kann,
hat seine stolze Federwelt
in Gottes Schöpfung gut bestellt.

Die Kampfläufer im Prachtgewande
kriegen kein Singen je zustande.
Sie können nur nach allen Hennen
in der Arena plusternd rennen.

Der Pfau letztendlich schlägt sein Rad,
von Liedern keine Ahnung hat.
Ist er auch eindrucksvoll und schön,
man kann ihn niemals singen sehen.

Und die Moral von der Geschicht,
trau dem barocken Habit nicht.
Denn selten kann man letztlich wissen,
was eitle bunte Vögel missen.

Wintervorrat

Das Eichhorn nutzt herbstliche Fülle,
schält Früchte flink aus ihrer Hülle
und legt sich einen Vorrat an,
von dem's im Winter zehren kann.

Der Hamster ist besonders schlau,
trägt Ähren tief in seinen Bau.
Er hortet sie recht viel und gerne,
bald ist der Winter nicht mehr ferne.

Auch fleißig ist der Eichelhäher,
kommt dicker Schnee im Jahre näher.
Der Siebenschläfer hat's gerochen,
ist tief in seinen Bau gekrochen.

Und gar die bunten Falter schweben
im Herbste ihrem Tod entgegen,
wenn sie nicht hinter festen Mauern
im Winterquartier überdauern.

Nur Amsel, Drossel, Fink und Meise
sind auch im Herbste wenig weise.
Sie hoffen auf ein Vogelhaus,
wo Menschen legen Futter aus.

Drum sei so klug, leg dann und wann
für Mangelzeiten Vorrat an.
Dann brauchst Du keinen Hunger leiden
und kannst im warmen Hause bleiben.

(Mit freundlicher Genehmigung von Johannes Eidt.)

Der treue Weggefährte

Ein treuer Weggefährte ist der Hund,
tut wedelnd seine Freude kund,
wenn's Frauchen mit der Leine kömmt,
ist ein Spaziergang ihm vergönnt.

Bei Fuß läuft er von Ort zu Ort,
er schnüffelt hier, er schnüffelt dort,
überall warten die Gerüche
aus der Hundegerüchteküche.

An jedem Baum hebt er sein Bein,
lässt auch das Bellen niemals sein,
sollt er ein andres Hundchen sehen,
ein Mensch in seiner Nähe stehen.

Knurrt auch einmal, wenn's ihm nicht passt,
hätt an der Hose schon gefasst
den Eindringling, wenn nicht das Frauchen spitz
schreit eilig das Kommando „Sitz!".

Doch bald trottet er brav nach Hause,
macht dort erstmal gemütlich Pause.
Bewacht den Wohnsitz wie zuvor.
Das Frauchen grault ihm nun sein Ohr.

Sie freut sich sehr von Stund zu Stund.
Ach wie schön ist's mit einem Hund,
der ihr nicht von der Seite geht.
Am Morgen früh, am Abend spät.

So lieb sind Menschen nie gewesen,
macht auch kein großes Federlesen,
braucht nur 'nen Knochen ab und an,
an dem er öfters nagen kann.

Geht zuverlässig seine Runde,
so sind sie, unsre lieben Hunde.
Ohne Gehalt je zu erwarten.
(Nur manchmal, welch ein Unding!),
erleichtert er sich still im Garten.

Ein Mäuschen

Ich kenne eine graue Maus,
die sieht an sich nicht wehrhaft aus.
Hat nur recht dünne spitze Zähne,
hinten und vorne krumme Bene.
Mit denen rennt sie ganz behende
durch grüne Wiesen im Gelände.

Ein Loch gräbt sie tief unter Hecken,
dort kann man sie meist nicht entdecken.
Polstert den Bau mit Heu und Stroh
und ist hier ihres Lebens froh.
Auch pflegt sie ihren Nachwuchs sehr,
davon hat sie im Jahr gleich mehr.

Sie trotzt dem Bussard, Marder, Fuchs,
auch Wildschwein, Wolf und sogar Luchs,
dem Bären mit der großen Tatze
und manch herumstreunender Katze.
Stattdessen macht sie reichlich Ernte,
was sie in Bauerns Feldern lernte.

Hat Ähren in der Vorratskammer,
darum im Winter keinen Jammer.
Verschläft meistens die kalte Zeit
in Wärme und Behaglichkeit.
Ihr Mut soll Euch ein Vorbild sein,
ist sie als Tier auch noch so klein.

Seid neugierig und aufgeweckt,
was so in winzgen Tieren steckt.
Habt Achtung auch vor kleinem Leben!
Es kann Euch viel Erkenntnis geben.

(Foto: Michael Thomsen)

Anne Koch-Gosejacob

1946 in Bissendorf-Uphausen geboren, wohnhaft in Osnabrück-Haste.
Belletristik-Studium an der Axel Andersson Akademie:
Lyrik und Prosa.
Veröffentlichungen in Anthologien und Zeitungen
Mitglied der Schreibwerkstadt VHS Osnabrück
Öffentliche Lesungen aus den Romanen

Im Anderen Verlag erschienen:
2002 Kinderbuch: „Vanessa und die Elfenkinder"
2004 Kinderbuch: „Lillys Reise ins Regenbogenland"

Im Eigenverlag: „Oskar und die Lachmäuse"
„Der blaue Klabautermann"
„Nikolaus und Schneegestöber"
„Frohe Ostern"
„Katzen und Menschen"
„Meditation"

Im Geest-Verlag erschienen:
2008 der historische Roman „Der Fluch der Tochter des Schmieds"
2010 Erzählung „Wenn die Dämmerung den Tag umfängt"
2012 Mörderische Geschichten „Manchmal ist das Schicksal schneller"
2014 Kriminalroman „Immer das siebte Jahr"
2016 „Liebe Mord und andere Fälle" Geschichten und Gedichte
2018 „ Miranda" Die Legende einer Wiedergeburt
2023 Manchmal ist das Schicksal gnädig, mörderische Geschichten

Beim Bod-Verlag:
2022 Caro auf der Suche nach dem Glück nach dem Glück
2022 Die Schneiderdynastie, Mode im Laufe der Jahrhunderte

Der kleine Fuchs

Reineke war eines von fünf Kindern und da er erwachsen geworden war, musste er jetzt für sich selbst sorgen. Das war nicht so einfach, denn er liebte es, auf der faulen Haut zu liegen, sich genüsslich in der warmen Sonne zu räkeln und in den Tag hineinzudösen.

Wenn er sich bequemte und durch den lichten Buchenwald spazierte, traf er manchmal seinen älteren Bruder, der gerade eine fette Mahlzeit ergattert hatte.

„Bitte, bitte. Sei so lieb und gib mir etwas davon ab."

Treuherzig sah er ihn dabei an und wenn er Glück hatte, bekam er einen kleinen Happen ab.

Im Frühherbst suchten sich seine Geschwister ein eigenes Revier. Jetzt war Reineke ganz auf sich allein gestellt. Notgedrungen lauerte er kleinen Kaninchen auf oder fraß verschrumpelten Beeren, die noch an einigen Bäumen und Sträuchern hingen.

Als so nach und nach die Tage kürzer wurden und der raue Herbstwind im kahlen Wald die bunten Blätter vor sich hertrieb, buddelte er sich unter den Wurzeln der dicksten Buche eine Höhle und richtete sie gemütlich ein.

Doch mit den ersten, eisigen Nachtfrösten begann das Dilemma. Reineke hatte vergessen, sich einen geeigneten Nahrungsvorrat anzulegen. Da stand er nun, der arme Kerl, und hielt hungrig seine feuchte Nase hoch zum fahlblauen Himmel.

Die meisten Vögel waren in den warmen Süden gezogen. Kaninchen, Hasen und die anderen Tiere saßen zufrieden kauend in ihrem Bau, oder sie hatten sich dick eingemummelt und hielten ihren wohlverdienten Winterschlaf.

Was ihm blieb, waren nur noch die kleinen graublauen Früchte des stacheligen Schlehenbusches. Um seinen knurrenden Magen zu beruhigen, fraß er sie schließlich.

Als Reineke eines Morgens schlaftrunken vor die Höhle tapste, war die Welt mit einer weißen Decke überzogen.

„Brrr... Ist das kalt an den Pfoten!"

„Was stöhnst du so?" Bedächtig schüttelte die große schlanke Tanne, die hinter der dicken Buche stand, den Kopf und sagte: „Im Winter gibt es nun mal Schnee." Sie wedelte so stark mit den vielen Zweigen, dass die weiße Pracht auf den Fuchs rieselte.

„He, was soll das?", fragte er ärgerlich.

„Nun stell dich nicht so an!", antwortete die Tanne und bemühte sich ruhig zu stehen.

Im selben Moment kroch die fahle Morgensonne hinter dem dunklen Wald hervor und ließ die vielen kleinen Schneekristalle auf Reinekes rötlichem Fell glitzern und funkeln.

„Oooh... Siehst du aber schön aus!" Überwältigt blickte die Tanne auf ihn hinunter.

Geschmeichelt schaute der kleine Fuchs auf seinen Rücken, hob stolz den Kopf und tänzelte um die Tanne herum. Doch als er hinter sich blickte, zuckte er zusammen.

„Ach du Schreck. Es bleiben ja Spuren im Schnee. Wenn ich mich jetzt irgendwo anschleiche, um etwas Essbares zu ergattern, weiß gleich jeder, dass ich es war."

„Wo wolltest du dich denn anschleichen?" Erwartungsvoll sah ihn die Tanne an.

„Na ja... Vielleicht an das Hühnergehege auf dem großen Bauernhof. Drüben, hinter dem kleinen Hügel. Letzte Woche habe ich dort eine dicke, fette Gans gesehen." Hastig biss er die

Zähne aufeinander, denn nur bei dem Gedanken lief ihm schon das Wasser im Maul zusammen.

„Ich hasse Schnee", brummelte er missmutig.

„Kannst du nicht die Spuren mit deinem Schwanz verwischen?"

„Das ist mein bestes Stück. Nachher habe ich Eiszapfen dranhängen und er bricht wo möglich ab. Nein, nein... Kommt überhaupt nicht in Frage!" Entrüstet sah Reineke zu der Tanne hoch.

Aber so schnell wollte er nicht aufgeben. Seufzend kratzte er sich hinter den spitz aufgestellten Ohren und überlegte hin und her. Nach einer Weile grinste er listig und meinte: „Jetzt weiß ich, wie ich es anstelle." Er bückte sich und kroch unter die große Tanne.

„Aua... Was machst du da? Du tust mir weh!"

„Einen Tannenzweig wirst du mir ja wohl gönnen, meine Liebe." Mit der Schnauze riss er dann kleine Stückchen davon ab und klemmte sie sich probeweise unter die Pfoten.

„Schau, so!"

Schmollend verzog die Tanne das Gesicht, nickte dann aber gnädig.

Es sah schon sehr eigenartig aus, als sich Reineke am späten Nachmittag hungrig auf den Weg machte. Vom dunklen Wald her zogen sich kleine Tannenzweigspuren über das mit Schnee bedeckte Feld und weiter bis zum Bauernhaus. Niemand würde auf die Idee kommen, dass es seine Pfotenabdrucke waren.

Geschwind buddelte er unter dem stabilen Drahtzaun das Loch frei, das er letzte Woche extra vorbereitet hatte und zwängte sich ins weitläufige Gehege.

Die vielen Hühner und der Hahn waren schon im Stall. Schliefen wahrscheinlich. Nur die dicke Gans war noch draußen und machte gemütlich ihren Abendspaziergang. Als sie die Gefahr erkannte und laut schnatternd mit den Flügeln schlug, schnappte Reineke blitzschnell zu.

Eilig kroch er rückwärts durch das Loch und wollte seine Beute mit hindurch ziehen, aber die Ganz war zu fett geworden, blieb mittendrin stecken und schrie fürchterlich.

Zu seinem Pech wurde auch noch die große Dielentür des Bauernhauses aufgerissen und Annette, die erboste Hausfrau, schmiss mit der spitzen, stinkenden Mistgabel nach ihm.

Sie zeterte und schrie: „Ulrich, Ulrich... Komm mit der Flinte. Das gemeine Vieh will unsere Martinsganz klauen!"

Vor Schreck ließ Reineke die fette Ganz los und rannte, als wäre der Teufel persönlich hinter ihm her über das verschneite Feld, weiter in den Wald und zurück zu seiner Höhle. Mit Müh und Not angekommen rollte er sich zusammen und schlief völlig erschöpft ein.

Hasen-Spaß

Der Hase an der Hase saß
und Hasenklee am Ufer fraß
Als mümmelnd er aufs Wasser blickte
ein braunes Fröschlein ihn entzückte

Auf einem großen grünen Blatt
aß flink es sich an Mücken satt
Sprang fröhlich dabei her und hin
lag plötzlich in der Hase drin.

Das sah so furchtbar komisch aus
der Hase zog die Nase kraus.
Weil dieser Sturz zum Kichern reizte
der Has` - aus Spaß - die Läufe spreizte

Macht` einen Satz und fiel - oh Schreck
kopfüber in den Entendreck
Als dann das Fröschlein quakend lachte
verdrießlich er sich sauber machte

Ein Hasenbad täte nun gut
doch dazu fehlte ihm der Mut
Stocksauer hoppelt er nach Haus
und nun ist die Geschichte aus.

Die Schnecke

Oma und Paul wollen zum Sonnensee. Paul nimmt sein Dreirad mit und fährt neben Oma her.

Plötzlich sagt Oma: „Paul, fahr nicht über die tote Schnecke."

Ehe Oma sich versieht, ist das Dreirad geparkt und der Kleine liegt mitten auf dem Weg, stupst die Schnecke an und fragt „Oma, was ist tot?"

„Du siehst doch, dass sie sich nicht mehr bewegt, dass sie kaputt ist!"

„Die arme kleine Schnecke. Ich fahr schnell nach Hause und hol meinen Werkzeugkasten."

„Das brauchst du nicht. Die kann man nicht mehr reparieren", sagt Oma.

(Foto: Anne Koch-Gosejacob)

Die Hummel

Paul geht gerne in den Garten. Hier gibt es viele Blumen und natürlich auch viele Tiere.

„Dass du mir keine Regenwürmer sammelst", warnt Oma. „Die will ich nicht wieder auf dem Küchentisch haben.

„Mach ich nicht, Oma. Ich helfe Opa." Bewaffnet mit Handfeger und Fegeblech stiefelt er hinter Opa her. Die beiden wollen das viele Unkraut auf dem breiten Bürgersteig entfernen.

Mit einem spitzen, scharfen Messer schneidet Opa das Unkraut aus den engen Fugen. Paul fegt es zusammen und kippt alles in den Abfalleimer. Die Arbeit ist ganz schön anstrengend.

„Opaaa! Ich habe Durst. Holst du mir was zu trinken?"

„Aber sicher", sagt Opa. Er holt ein Glas Apfelsaft aus der Küche und reicht es Paul.

„Hast du vielleicht auch Hunger? Wir haben noch ein Brötchen vom Frühstück übrig." Fragend sieht Opa den Jungen an.

„Ist das mit Mohnkörnern?"

„Ich glaube wohl."

Paul läuft in die Küche, stellt das leere Glas in die Spüle, öffnet den Brotschrank und schnappt sich die Brötchentüte. Freudestrahlend kommt er zurück und fragt: „Opa, willst du auch ein Stück vom Brötchen haben?"

„Nein. Ich mach schon mal weiter, damit wir fertig werden."

Arbeit macht hungrig! Und ruckzuck hat Paul das ganze Brötchen aufgegessen.

„Opaaa! Darf ich die Tüte aufpusten und dann kaputt knallen?"

„Von mir aus." Opa hält sich schon mal die Ohren zu. Gerade noch früh genug hört Paul, dass es in der Tüte summt. Schnell drückt er sie oben zusammen, damit das Tier nicht wegfliegen kann.

„Opa, was ist da drin?" Paul hält die Brötchentüte hoch. Opa nimmt die Hände von den Ohren und sagt: „Es hört sich an wie eine dicke Hummel."

„Beißt die?"

„Nein, Hummeln können stechen, genau wie Wespen und Bienen."

„Ich zeige die Tüte Oma." Paul läuft nach hinten in den Garten und ruft: „Oma, Oma, ich habe eine dicke fette Hummel gefangen. Sie soll heute bei mir schlafen."

„Lass sie lieber frei, sonst sticht sie dich noch."

„Nein, die will ich behalten. Die gehört mir. Hör mal, wie die summt." Paul hält Oma die Tüte ans Ohr.

„Die hat bestimmt Angst und will zu ihrer Mama", meint Oma mitfühlend.

„Die braucht keine Mama. Ich bin ja auch nicht zu Hause."

„Bist du denn die Oma von der Hummel?"

Paul schüttelt den Kopf und lacht.

„Na, siehst du", sagt Oma. „Lass das arme Tier fliegen. Ich kann das jämmerliche Gesumme nicht mehr hören."

Plötzlich ist es ganz still in der Tüte. Neugierig öffnet Paul sie ein wenig und schaut nach, ob die Hummel noch lebt.

Die Hummel sitzt unten, krabbelt aber schnell von innen an der Tüte hoch und versucht zu entkommen. Als Paul die Tüte schnell zudrückt, sticht sie ihn in den Daumen.

Der Jung lässt die Tüte fallen und schreit ganz laut „Mama, Mama!", während die dicke Hummel fluchtartig das Weite sucht.

„Du brauchst gar nicht so zu schreien. Hast selber schuld. Man sperrt keine Hummel in eine Tüte. Jetzt sei endlich leise, denn deine Mama kann nicht kommen", schimpft Oma ärgerlich.

„Ich will aber zu Mama!", brüllt Paul und stampft mit den Füßen auf dem Boden herum.

„Die arme Hummel wollte auch zu ihrer Mama, aber du hast sie nicht gelassen."

Mit einem Tempo-Tuch wischt Oma Pauls Tränen weg. Dann untersucht sie den Daumen. Ein Stachel ist aber nicht drin.

„Ich glaube, du hast dich mehr erschrocken, als dass es wehtat." Oma nimmt den Kleinen in den Arm und streicht tröstend über seine Wange.

Samtpfötchen

Endlich habe ich Ruhe zum Arbeiten. Mein Mann ist zu einem guten Freund gefahren, das Telefon unter dicken Kissen zum Schweigen gebracht und meine Unterlagen auf dem Schreibtisch ausgebreitet. Ich konzentriere mich darauf, etwas über eine Katze zu schreiben.

Da, ein leises Flop, und der kleine Haustiger steht auf dem Schreibtisch, reibt seinen Kopf an meinem Gesicht und streicht mit dem weichen Schwanz unter meiner Nase entlang.

(Foto: Anne Koch-Gosejacob)

Als ich nicht reagiere, wirft sich der kleine Quälgeist genau auf die Stelle, wo ich gerade schreibe, und schnurrt verführerisch. Sieht mich wie eine Sphinx blinzelnd mit seinen schrägen Chinesenaugen an.

Eine wortlose Bitte: „Streichle mich doch ein bisschen." Ich kann diesem süßen Wollknäuel nicht widerstehen und kraule es ein bisschen.

Dann setze ich es raus auf die Terrasse. Mein Schmusekätzchen geht in den großen Blumengarten, ich zurück an meine Arbeit.

Nach fünf Minuten, ein leises „Miau" und große Augen hinter der Glasschiebetür zur Terrasse.

‚Nein... Ich höre und sehe nichts. Mietze ist gar nicht da!'

Jetzt ein Kratzen und noch mehr „Miau...", was wohl heißen soll: „Lass mich rein, ich möchte wieder ins Haus!"

Schließlich werde ich weich und lasse meinen Liebling ins Zimmer.

„Na, du kleine Agentin, Spaziergang beendet? Gab es draußen nichts auszukundschaften? Keine großen Hunde oder kleine Mäuse in Sicht?"

Wohl nicht, denn Pussi streicht mir um die Beine, hat Langeweile.

Ein Auto fährt auf den Hof und kurz darauf dreht sich der Schlüssel in der Haustür.

Mein Mann kommt wieder. Erwartungsvoll läuft ihm meine Süße entgegen.

„Hau bloß ab, du Rabenaas. Du bist heute Morgen schon wieder über die Motorhaube meines neuen Autos gelaufen. Überall Pfotenabdrucke!"

Doch die kleine Mäusefängerin lässt sich nicht beirren. Maunzend, als wolle sie Abbitte leisten, schmiegt sie sich an Rolfs Beine.

Im Stillen muss ich über unsere Mitbewohnerin lachen. Ist ganz schön berechnend, die Kleine.

Als mein Mann die Hand nach ihr ausstreckt, lässt sie sich seidenweich fallen und dreht sich auf den Rücken. Lachend beugt er sich runter und streichelt sie.

Momo, unser wildes Samtpfötchen hat wieder mal gewonnen, denn gegen den sanften Eigensinn dieses niedlichen Tieres sind wir einfach machtlos!!!

Katzenwette

Geduldig sitzt der Kater vor dem Baum
ein Mittagessen wäre jetzt sein Traum
als er den kleinen Buchfink entdeckt
ist sein Appetit geweckt
Der Buchfink hüpft von Ast zu Ast
flattert wild und wäre fast
herab gefallen aus den Zweigen
trotz allgemeines Vogelschweigens

Der Kater läuft jetzt um den Baum
das Vogelessen bleibt ein Traum
verdrossen schleicht er nun zum Haus
und sieht dort eine dicke Maus
Ein schneller Schlag mit seiner Tatze
wie's so üblich bei `ner Katze
mit seinen Augen leuchtend blau
schleppt er den Fang zu seiner Frau

(Foto: Anne Koch-Gosejacob)

Das Mittagessen ist gerettet
obschon Frau Katze hat gewettet
heute fällt das Essen aus
doch der Kater ganz geschickt
hat sie mit der Maus beglückt.

(Mit freundlicher Genehmigung von Johannes Eidt.)

Online-Kater

„Miau-u-u-u!" Ach, bin ich müde. Noch einmal dehnen und genüsslich schnurren. An die hübsche Cinderella denken, mit der ich im Traum ausgegangen bin. Aber was ist das?
Aus der Küche duftet es nach frisch aufgebrühten Kaffee. Und...
Sollte es für mich heute
Whiskas mit Putenfleisch geben?"
Schnuppernd, die Nase erhoben, trabe ich hin, um nach zusehen, ob es stimmt. Aber zuerst begrüße ich meine Herrin.
„Miau, miau! Hallo, guten Morgen, liebe Marlen!" Ich streiche ein paar Mal um ihre hübschen Beine.
Sie bückt sich, nimmt mich auf den Arm, streicht mir über das Fell und fragt: „Na, Felix, schon ausgeschlafen? Ich war wach und habe dein Tapsen gehört, als du im Morgengrauen durch die Katzenklappe ins Haus gekommen bist. Hoffentlich war's schön heute Nacht!" Sie lacht laut auf und setzt mich wieder auf den Boden.
Ich marschiere zum Kühlschrank und warte geduldig auf mein Fressen, während Marlen für sich den Tisch deckt und anschließend meinen Fressnapf füllt.
Dann... Gemeinsames Frühstück! Ich schlecke mein Lieblingsgericht - es gibt tatsächlich drei Sorten Geflügel - und sie knabbert frische Brötchen, dick mit guter Butter und Honig bestrichen.
Zwischendurch erzählt mir Marlen, dass sie gleich im nahegelegenen Supermarkt Brot, Käse, Obst und für mich ein paar neue Dosen Whiskas einkaufen möchte. Auch will sie ihre

schwarzen Stöckelschuhe zum Schuster in die Altstadt bringen.
Ich soll in der Zeit brav auf unsere Wohnung aufpassen.

Nachdem die Haustür hinter Marlen ins Schloss gefallen ist, schreite ich gelangweilt in die Diele und betrachte mich im großen ovalen Garderobenspiegel.

Stolz drehe ich den Kopf hin und her. Das Profil ist edel und mein Fell ist weich und glänzend.

Eine Katze wie aus dem Märchenreich. Löwenkatze, Königstiger! Katze für einen reichen Scheich aus dem fernen Morgenland. Viel zu schade für eine einfache biedere Reihenhaussiedlung!

Mit hoch erhobenem Kopf verlasse ich die Diele und stolziere durch die offenstehende Tür in Marlens Büro. Ein schöner Raum. Ein Raum mit schicken weißen Möbeln, Gardinen, die nach Sonnenschein aussehen, viele blühenden Topfpflanzen und ein dicker, flauschiger Hirtenteppich. Genau das Richtige für mich zum Dösen und Träumen. Aber heute muss ich die Zeit nutzen, in der sich Marlen im Supermarkt und beim Schuster aufhält.

Meine neueste Leidenschaft ist nämlich ihr Computer. Da ich oft neben ihr gesessen und genau zugeschaut habe, weiß ich inzwischen, dass er ganz leicht zu bedienen ist.

Als Erstes muss ich auf den Einschaltknopf drücken. Dann rauf auf den schwarzen Drehstuhl, die Computer-Maus unter die rechte Vorderpfote und los geht's... Surfen im Internet!!!

Gestern habe ich eine tolle Website über berühmte Leute und ihre Katzen entdeckt. Mal sehen, was so alles über die Clintons drinsteht, die in den USA wohnen.

„Kater Tom", er hat inzwischen alles unternommen, um das Image der ehemaligen Präsidenten-Familie wieder aufzupolieren. Mutter Hillary nahm ihn sogar des Öfteren mit ins Kinder-Hospital, um die kleinen Patienten aufzuheitern. Klasse Medienstrategie, medizinisch fundiert, denn Tiere können kranken Kindern helfen.

Für Tom ein toller Erfolg! Wenn man bedenkt, dass er früher ein verkommener, schmutziger und verlauster Straßenkater war.
Ein Geheimagent hatte ihm damals erzählt, dass es im „Weißen Haus" viele Mäuse und Ratten gäbe. Wenn er dort einzöge, würden sich alle Katzenfreunde durch ihn im Weißen Haus vertreten fühlen.
Vielleicht käme er ja auch ins Fernsehen, hatte der Geheimagent angedeutet. Er würde dann als einer der besten Mäusefänger auf der ganzen Welt bekannt werden. Das war natürlich was für Tom und so hatte er gleich zugesagt
Ein kleiner Pfotenhieb auf die Maus. „Hihi, „*Maus*"ist gut...! ! !"
Eine neue Website erscheint: Die Katzensprache. Sie ist so reich an Miaus und Heulern, dass sie endlich weltweit als „Katertonisch" anerkannt sein müsste. Ohne lange zu überlegen, drücke ich auf den gelben Button und stimme dafür mit „Ja".
„Hu-u-ch...!" Ich höre Marlen von ihrem Einkauf wiederkommen. Schnell weg hier!
Rums bums... „Verdammt, auch das noch!" Beim herunter springen hat sich das Kabel der Computer-Maus zwischen meinen Krallen verheddert, und ich habe den schönen roten Alpenveilchen-Blumentopf mit heruntergerissen. Tonscherben,

abgeknickte Blüten und Blumenerde, liegen wie ein modernes Gemälde verstreut auf dem weißen, flauschigen Hirtenteppich.

Wie eine Rachegöttin steht Marlen auch schon in der Türöffnung, sieht die Bescherung und schimpft fürchterlich. „Unnützes Vieh", nennt sie mich doch tatsächlich.

Geduckt schleiche ich an ihr vorbei und entwische durch die offenstehende Haustür nach draußen.

Kaum bin ich wieder im Haus angelangt, stoße ich auf Max. Max ist der neue Freund von Marlen. Ein großer, stämmiger Kerl, der sich hier schon richtig heimisch fühlt, mich aber nicht mag.

Während er verächtlich in meine Richtung sieht, sagt er auch schon zu Marlen: „Hör zu, Schatz, schaff endlich diesen schrecklichen Kater ab. Seine roten Haare ruinieren den schönen großen Wohnzimmerteppich. Auch liegt er dauernd auf dem Sofa, denn seine Haare hängen schon wieder an meiner guten Hose, was ich sehr ekelig finde."

Ich bin erschüttert und hoffe, dass Marlen nicht auf diesen gemeinen Vorschlag eingeht. Ich habe ja nur sie, kenne weder Vater, Mutter, noch meine Geschwister. Genau wie der Tom von den Clintons hat Marlen mich auf der Straße aufgelesen, mich gefüttert und mir ein warmes und gemütliches Zuhause gegeben.

Max, dieser blöde Kerl, ist nur eifersüchtig. Aber das beruht auf Gegenseitigkeit, was ich nur sehr ungern zugebe.

Traurig marschiere ich in mein Körbchen, rolle mich ein, lege den Kopf auf meine Pfoten und entschließe mich zu einem langen geruhsamen Mittagsschläfchen.

Vielleicht träume ich ja von *Cinderella*, dem buntgecheckten Katzenfräulein, das in dem blauen Haus auf der gegenüberliegenden Straßenseite wohnt.

Am späten Nachmittag schleiche ich mich ins gemütliche Wohnzimmer. Marlen und ihr Freund Max liegen engumschlungen auf dem Sofa und sind wohl eingenickt. Jedenfalls sieht es aus, als würden sie schlafen.

Im offenen Kamin ist schon das Holz für heute Abend aufgeschichtet. Neugierig springe ich auf die Holzscheite und schaue in die dunkle, geheimnisvolle Öffnung. Was mag da oben wohl sein?

Ich versuche hochzuklettern. Klappt gut. Doch plötzlich finde ich keinen Halt mehr, rutsche ab und sause wie der Blitz nach unten.

Rums... Mit viel Getöse lande ich mitten in dem dicken Holzhaufen. Um mich herum schwebt eine dichte, schwarze Rußwolke.

„Hatschie...!" Mein ganzes Fell ist voll von dem stinkenden Zeug. Angeekelt schüttle ich mich.

Von dem Krach, den ich veranstaltet habe, sind Max und Marlen wach geworden, schreien erschrocken auf. Als Marlen zum Kamin blickt und mich zwischen den rußigen Holzscheiten entdeckt, springt sie eilig vom Sofa, schnappt mich mit spitzen Fingern und rennt mit mir ins Bad. Dort drückt sie mir einen dicken Klecks nach Zitrone duftender Waschlotion auf mein stinkendes Fell. Dann verreibt sie alles und dreht, ehe ich mich wehren kann, den Wasserkran voll auf.

Sie duscht mich vom Kopf bis zu den Pfoten ab, ohne auf meine starke Abwehr zu reagieren.

„P.r.r.r.r, wie schrecklich. Ich hasse kaltes Wasser. Miau, miau, lass mich sofort hier raus!", fauche ich sie wütend an. Aber sie lacht nur und äfft mich nach: „Mi...au..., Miaaauuu!"

„Marlen, einer von uns beiden muss jetzt geh'n. Aber ich nicht!" Wo soll ich denn auch hin, so nass wie ich bin? Ich muss bei ihr bleiben, denn trotz allem liebe ich sie.

Mit einem alten Handtuch rubbelt Marlen mein Fell ab, so dass es wieder einigermaßen trocken ist. Dann setzt sie mich auf den Boden und sagt: „Verzieh dich, Kater!"

Eingeschnappt marschiere ich in mein Körbchen und lecke die restlichen Wassertropfen von den Pfoten.

Als Max sich am späten Abend verabschiedet hat und wieder in seine Wohnung gegangen ist, versucht Marlen es mit einigen Annäherungsversuchen. Besänftigend redet sie auf mich ein, will mich streicheln. Ich mache einen großen Buckel. Bin heute nicht mehr für Streicheleinheiten zu haben. Will nichts mehr zu tun haben mit so rabiaten Menschen.

Verächtlich marschiere ich in den großen mit vielen Grünpflanzen bestückten Wintergarten und starre mit meinen gelben Chinesenaugen zu den bizarren, dunklen Wolkenfetzen hoch, die der Wind erbarmungslos rund um den dicken Vollmond jagt.

Apropos jagen...! Gestern Nacht habe ich eine dicke fette Taube über die Dächer unserer Reihenhaus-Siedlung gejagt. Man war das ein riesiger Spaß! Schade, dass ich sie nicht erwischen konnte. Anschließend bin ich auf den großen Balkon des Nachbarhauses geklettert und habe meiner Angebeteten ein tolles Liebeslied vorgesungen.

„O sole, miii…auuu…! O sole miau, hörst du das Lied. Es erzählt von Liebe, Liebe, die nie vergeht. O sole miau, du sollst meine Liebe für immer sein. Miau, miau!"

Es ging so lange gut, bis die genervte Mieterin aus der Nachbarwohnung das Schlafzimmerfenster weit aufgerissen und mir einen Topf eiskaltes Wasser übergeschüttet hat. Das war vielleicht ein Schock! Vor Schreck wäre ich fast vom Balkon gefallen.

Mein Gefühl sagt mir aber: Heute könnte es mit dem hübschen Katzenfräulein klappen. Ich vertraue fest darauf, dass ihr mir die Daumen drückt.

Aber zuerst will ich noch eine kleine Runde schlafen und von einer eigenen bunten Homepage träumen.

(Foto: Anne Koch-Gosejacob)

Meine persönliche Adresse lautete dann: www.Felix@web.de

Träume

Ich möchte
eine Katze sein
lieg' auf der Bank
im Sonnenschein
und träume vor mich hin

Ach wenn ich eine Katze wär'
dann wär' das Leben schön
ich brauchte nicht
zur Arbeit gehn
und könnte mir
die Welt an-
sehn

Die rotblonde Schönheit - ein Katzenkrimi

Bei dem warmen hochsommerlichen Wetter konnte Albert nur im Schatten unter der alten knorrigen Rotbuche sitzen. Er hatte sich quälen müssen um den schweren Liegestuhl von der Terrasse, die voll im hellen gleißenden Sonnenlicht lag, bis hierher zu schleppen.

Das durchgeschwitzte karierte Oberhemd hatte er längst ausgezogen und lag nun, nur mit einer Shorts bekleidet, völlig geschafft im Liegestuhl.

Sein blasses Gesicht war inzwischen gerötet. Kleine Schweißperlen standen auf der Stirn. Träge wischte er sie ab und zu mit der flachen Hand weg. Die Schwüle machte ihm sehr zu schaffen. Sogar hier im Schatten kam er sich wie in einer finnischen Dampfsauna vor.

Albert versuchte einzuschlafen, aber es gelang ihm nicht. Ärgerlich setzte er sich wieder auf und schaute auf seine Armbanduhr. Unendlich langsam bewegten sich die goldenen Zeiger von einer Minute zur nächsten.

Wie er sie doch hasste, diese eintönigen, nicht enden wollenden Sonntagnachmittage. Womit sollte er sich beschäftigen? Er wusste es nicht. Außerdem war es einfach zu warm, um etwas zu unternehmen. Er hätte sich lieber in seinem Arbeitszimmer aufhalten sollen. Es war der einzige Raum im ganzen Haus der einen Fliesenboden hatte.

Er lag nach vorne, zum Norden, wo die Morgensonne nur ein wenig hereinlugte. Also ein relativ kühler, angenehmer Ort. Da er aber die ganze Woche über in dem Raum arbeiten musste, wollte er ihn am Sonntag nicht auch noch betreten.

Die Hitze flirrte. Kein Lüftchen regte sich. Albert schaute zum Himmel. Es braute sich bestimmt noch ein Gewitter zusammen. Die Wolken waren schon zu hohen Bergen aufgetürmt, sahen fahl und gelblich aus. Ein richtiger Gewitter-Regen täte dem Garten gut und würde ihm die lästige Gießerei am Abend ersparen.

Gelangweilt schweifte sein Blick hinüber zum Nachbargarten, versuchte die dichte grüne Hecke, die als Grenze diente, zu durchdringen. Aber er konnte nichts erkennen.

Sie hatten wohl draußen auf der Terrasse Kaffee getrunken, denn er hörte Geschirr klappern. Kinderstimmen schwirrten mal leise, mal lauter zu ihm herüber.

Plötzlich sah er sie! Sah nur ihre Umrisse. Dort, wo die Hecke etwas dünner war und man nur mit etwas Mühe hindurchblicken konnte, stand sie. Wie alle Kleinen war sie sehr wissbegierig, neugierig. Doch der Blick durch die grüne, mit vielen Blättern bewachsene Hecke reichte ihr nicht. Vorsichtig zwängte sie sich durch die enge Lücke und sprang auf die oberste Latte des Holzzaunes, saß in einiger Entfernung ruhig da und schaute immer wieder zu ihm hin.

Sie war schlank, zartgliedrig. Man konnte sie mit einer Ballerina vergleichen. Nach einiger Zeit traute sie sich herunterzuspringen, setzte behutsam einen Schritt vor den anderen, um zaghaft ein wenig näher zu kommen.

Sie war nicht nur hübsch. Nein, sie war schon fast eine Schönheit. Rothaarig, gemischt mit orange und goldblond. Und erst ihre strahlenden grünen Augen, hell und klar wie ein kühler Bergsee. Faszinierend...!

Albert konnte seinen Blick nicht von ihr abwenden, fühlte wie seine Hände vor Erregung feucht wurden. Sie war einfach umwerfend, diese Kleine. Dabei wusste sie nicht einmal, was sie bei ihm anrichtete. Jetzt stand sie vor ihm und schaute keck zu ihm hoch.

„Möchtest du mit bei mir im Liegestuhl sitzen", fragte er sanft, hob sie vorsichtig hoch und da sie keinen Widerstand leistete, nahm er sie auf den Schoß.

Sie war leicht wie eine Feder. Er spürte ihre Körperwärme durch seine Shorts. Wie unter Zwang begannen seine Hände sie sanft zu streicheln. Sie schmiegte sich an ihn und er meinte, sein Herz würde gleich vor Glück zerspringen, da es viel zu laut und schnell in seiner Brust klopfte.

Lange hielt er diesen Zustand nicht aus. Es war Liebe auf den ersten Blick, doch gleichzeitig merkte er, wie Hass in ihm aufstieg.

Diese hier war bestimmt genauso wie die anderen. Wenn es nicht nach ihrem Willen und ihren Wünschen ging, zeigten sie schnell totale Ablehnung, was er überhaupt nicht verstand.

Albert dachte an letztes Jahr im August. O Gott... Es war schrecklich! Er hatte auch so ein hübsches, zierliches Wesen auf dem Schoß gehabt. Als er sie fest an sich drücken wollte, hatte sie maunzend aufgeschrien, sich gewehrt, ihm mit der Pfote ins Gesicht geschlagen, so dass ein tiefer Kratzer entstanden war. Das war unter seiner Würde. Ihn schlug keiner. Dafür hatte sie büßen müssen. Soweit würde er es aber nie wieder kommen lassen, das hatte er sich damals geschworen.

Bei dem Gedanken daran schüttelte er sich und seine Verliebtheit war wie ein winziger Hauch Parfüm verflogen. Widerwillig nahm er sie vom Schoß und stellte sie vor sich hin. Irritiert schaute sie ihn mit ihren grünen Augen an, sagte aber nichts.

‚Sie muss weg, einfach weg! Zwar ist sie noch sehr jung, aber das ändert sich schnell. Und dann...?' Das Risiko, wenn sie wieder zu ihm herüberkäme, das wollte er nicht eingehen. Nicht schon wieder!

„Möchtest du etwas trinken, meine Kleine", fragte er hinterhältig, stand auf, ging zum Haus und in die Küche. Im Kühlschrank stand noch der Rest Milch von seinem Kakao, den er sich zum Frühstück gemacht hatte. Das war genau das Richtige für sie.

Doch wo hatte er im letzten Jahr nur die verflixten Tropfen hingestellt? Er überlegte...

„Ach ja"! Oben auf dem alten Bord im Besenschrank standen sie. Er hatte sie in die äußerste Ecke verbannt.

In seiner Hast fiel ihm die kleine Flasche beinahe aus der Hand.

Er zählte ab: „1 2 3 4 5 6 7" und weiter... Zehn Tropfen von dem Gift müssten genügen. Sicherheitshalber gab er noch drei Tropfen dazu. Eine absolut tödliche Mischung.

Eilig begab sich Albert zurück in den Garten und dachte: ‚Hoffentlich ist sie noch da!'

Er horchte in sich hinein, spürte aber keinerlei Mitleid mit der kleinen Katze.

Am dunklen, wolkenverhangenen Himmel zuckten inzwischen bedrohlich die ersten Blitze und ein paar vereinzelte dicke Regentropfen fielen zur Erde.

Die Schwüle war jetzt unerträglich. Man konnte sich vorstellen, dass es so ähnlich in der Hölle sein musste, von der Pastor Maier oft sonntags in der Kirche predigte. Es sollte stets eine Warnung für die Gläubigen sein, damit sie die zehn Gebote beachteten und zusätzlich viel Gutes taten.

Albert hatte Glück. Die kleine Katze stand tatsächlich noch neben dem Liegestuhl und wirkte ein wenig verloren. Vielleicht hatte sie auch Angst vor dem nahenden Gewitter.

Eilig reichte Albert ihr den Teller mit der Milchmischung.

Während sie trank, sah er mit Genugtuung, dass das Gift sofort wirkte. Nach einigen Sekunden brach sie zusammen. Zuckte noch ein paar Mal, lag dann mit offenen Augen wie erstarrt auf dem sich mit Regentropfen füllenden Rasen.

Albert wartete noch einen Augenblick, schaute verstohlen zum Nachbargrundstück, nahm eilig die Katze hoch und trug sie hinter das Haus.

Dann holte er aus dem alten Geräteschuppen einen Spaten und begann, hinten unter den dichten Büschen, ein tiefes Loch zu graben. Hoffte dabei, dass ihn niemand sehen würde.

Hastig legte er die Katze in die kleine Kuhle, warf ihr noch einen letzten, verächtlichen Blick zu und füllte hektisch die Grube mit Erde auf. Der heftige Wind peitschte die herunterhängenden Äste und Zweige der hohen Büsche hin und her, so dass sie seine Arbeit erheblich behinderten.

Endlich war alles zu seiner Zufriedenheit erledigt. Erschöpft sah Albert im Licht der grellzuckenden Blitze auf die frische Grabstelle. Vorsichtshalber legte er einen von den dicken Steinen darauf, die am Geräteschuppen aufgestapelt waren. Gewitter, Sturm und der Regen würden bis zum Abend die restlichen Spuren des Grabes beseitigt haben. Nichts konnte ihn verraten.

Er wischte den verdreckten Spaten auf dem nassen Rasen ab und stellte ihn zurück in den Schuppen. Vor Nässe triefend schlurfte er zurück zum Wohnhaus. Als er die Eingangstür aufschloss, hörte er, wie sich nebenan in der Villa ein Fenster öffnete. Eines der Kinder rief sorgenvoll nach der kleinen Katze.

GewitterREGEN

Regentropfen warm und groß
fallen auf der Erde Schoß
Blitze von fern den Himmel hellen
Donnergrollen wie sanftes Hundebellen

Die Tür steht auf zum Garten
der Wind bringt einen kühlen Hauch
die Amsel badet in der Pfütze
und kühlt sich ihren schlanken Bauch

Vereinzelt fallen Tropfen
wie ein leises klopfen
dann ist dieses auch vorbei
die Welt ist sauber ganz wie neu
Gewitterregen
Gottes Zorn
Gottes Segen

Die Dohle

Es muss Anfang Juni gewesen sein, denn ich stand auf unserem Rasen, schaute im angrenzenden Garten auf das Erdbeerbeet und überlegte, ob die paar reifen Früchte für einen Kuchen reichen würden. Plötzlich entdeckte ich am Rande des Beetes einen schwarzen Vogel, der langsam auf mich zukam. Eine Krähe oder war es ein Rabe? Nein, es musste eine junge Dohle sein, denn am Hinterkopf waren, statt schwarze, graue Federn.

Doch wo kam der Vogel her? War er ermüdet von seinen ersten Flugversuchen oder war er womöglich aus einem Käfig entwischt? Angst hatte er jedenfalls nicht.

Ich nahm ihn hoch, setzte ihn auf meinen Arm, um ihn meinem Enkel zu zeigen, der vorne am Haus saß und in seinem Bilderbuch blätterte.

(Foto: Anne Koch-Gosejacob)

„Paul, schau mal was ich hier habe!" Ich setzte den Vogel neben ihm ins Gras. Der Kleine war sofort von der kleinen Dohle begeistert, denn der zutrauliche Vogel ließ sich ausgiebig von Paul streicheln.

(Foto: Anne Koch-Gosejacob)

Ab und zu öffnete er den Schnabel und rief: Kra, kra, kraaaak!" was wohl so viel wie Hunger, Hunger hieß. Doch womit sollten wir ihn füttern?
Schließlich bin ich in den Garten gegangen und habe für ihn zwei reife Erdbeeren geholt, die Paul ihm dann hingehalten hat.
„Oma, der Vogel hat bestimmt auch Durst."
Also habe ich aus der Küche eine kleine Schale mit Wasser geholt und vor ihn hingestellt. Der Vogel hat sofort davon getrunken. Mit dem Rest-Wasser habe ich ihn auf den Namen Karlchen

getauft. Abends suchte sich Karlchen einen Schlafplatz in unserem alten Apfelbaum.

Am nächsten Morgen war Paul schon früh wach, spähte aus dem Küchenfenster, um zu sehen, ob der Vogel noch da war. Doch er konnte ihn nicht entdecken und war ein wenig traurig.

Als wir am Frühstückstisch saßen, hörten wir ein leises Klopfen an der Haustür. Dann ein „Kra, Kra", das immer lauter wurde. Paul öffnete die Tür und Karlchen kam hereinspaziert, wollte anscheinend auch frühstücken.

Gut, dass ich noch eine Dose Katzenfutter hatte. Ich habe ein bisschen herausgenommen, auf einen Teller gelegt und vor ihm hingestellt. Doch anscheinend war es nicht das Richtige, denn der Vogel stocherte nur darin herum. Erst als ich ihm etwas von meinem gekochten Ei auf den Teller legte, war er zufrieden.

Nach dem Frühstück lief Paul sofort zu unseren Nachbarn um ihnen zu erzählen, dass er einen neuen Freund hätte. Die wollten gleich im Garten nach Würmern graben, denn die würden sich besser als Futter für eine Dohle eignen.

Aus Angst, dass eine der freilaufenden Katzen die junge Dohle fressen könnte, haben wir am Nachmittag Karlchen zum Osnabrücker Zoo gebracht, die ihn gerne aufgenommen haben.

Ich habe das Erlebnis der NOZ mitgeteilt und ein paar Tage später stand die Geschichte mit einem Foto von Paul und Karlchen in der Osnabrücker Zeitung.

Wellensittichs Freiheit

‚Ich möchte endlich frei sein und zu den mächtigen Bäumen am nahen Waldrand fliegen. Vielleicht könnte ich gar bis zur Sonne oder noch weiter bis zu den Sternen reisen', dachte der kleine grüne Wellensittich. Er zerrte unwillig an der Tür seines goldenen Käfigs und versuchte, sie mit seinem Schnabel zu öffnen.

Als er zwischendurch aufblickte und die dicke, aufgeplusterte Drossel draußen vor sich auf der Fensterbank sitzen sah, rief er ihr durch die Scheibe zu: „Ich will auch frei sein und draußen herumfliegen können so wie du!"

„Bleib lieber im Käfig, denn selbst Nahrung zu suchen, ist oft sehr mühsam", flötete diese zurück.

„Ach was! Freiheit ist bestimmt wunderschön. Ich könnte meine Flügel weit ausbreiten und mich – ohne anzustrengen – vom warmen Frühlingswind bis in die höchsten Baumwipfel tragen lassen."

„Wenn das dein größter Wunsch ist, dann streng dich an. Wenn du es wirklich willst, dann wirst du es schaffen, den kleinen Riegel an der Käfigtür hochzubiegen, um sie zu öffnen."

„Natürlich schaffe ich es, und da die große weiße Haustür im Frühling immer einen Spalt offensteht, bin ich in null Komma nichts bei dir."

Kopfüber hing sich der kleine Wellensittich an die goldfarbenen Gitterstäbe, zog und rüttelte an der Tür, bis sie nach einiger Zeit tatsächlich aufsprang. Mit sich selbst zufrieden, reckte er sich und schüttelte seine Flügel zurecht. Dann flog er eine Proberunde durchs Zimmer und entwischte durch die offenstehende Haustür nach draußen.

„He Drossel! Wo bist du?"

„Ich bin hier unten neben der Treppe am Beetrand und habe gerade das Mittagessen für meine drei Kinder aufgepickt. Jetzt muss ich zurück nach Hause. Ich habe keine Zeit, mich mit dir zu unterhalten." Stolz hielt Mutter Drossel dem grünen Wellensittich einen dicken, langen Regenwurm entgegen.

„Macht nichts, dann fliege ich eben allein. Danke für deinen Tipp mit der Käfigtür."

Schwupps drehte sich der kleine Wellensittich um und flog hoch in die Luft. Ein herrliches Gefühl.

„Freiheit, Freiheit", rief er begeistert, schloss seine schwarzen Kulleraugen und ließ sich eine Zeit lang sanft vom Wind treiben.

„Aua ... Was war das denn?" Erschrocken riss er die Augen auf und sah, dass der auffrischende Wind ihn in den Wipfel einer hohen grünen Tanne gedrückt hatte. Es fühlte sich an wie ein Nadelkissen und er, er steckte mittendrin.

Vorsichtig zog er seine Flügel und seinen Schwanz aus der piekenden Umklammerung, schüttelte die Federn zurecht und setzte sich gerade hin. Die ungewohnte frische Luft und der würzige Duft der Tannennadeln machten ihn müde. Schon bald war er eingeschlafen.

Als er wieder wach wurde, dämmerte es bereits und er verspürte einen Riesenhunger. Doch wo gab es hier Körner? Der kleine Wellensittich hob die Flügel, flog in elegantem Bogen nach unten und landete auf der Erde. Aber etwas Essbares war hier nirgendwo zu entdecken. Er wusste ja nicht einmal, wie er es anstellen sollte, denn keiner hatte es ihm je beigebracht. Und einen Wurm zu fangen, kam überhaupt nicht infrage.

„Igitt …, der bleibt mir ja im Hals stecken oder krabbelt womöglich in meinem Bauch herum. Nein … So etwas esse ich auf gar keinen Fall!"

Mutlos und hungrig saß der kleine Wellensittich am Boden, dachte an die dicke gelbe Sesamstange, an die vielen appetitlichen Honigperlen im Futternapf seines Käfigs und piepste traurig: „Die Freiheit habe ich mir irgendwie anders vorgestellt. Ich glaube, ich fliege lieber zurück, klettere in den Käfig und lasse mich von den Menschen füttern!"

Endlich Sommer

bäuchlings im Gras eins mit der Erde
lauschen dem Summen emsiger Bienen
flatternde Falter azurblauer Himmel
hoch oben die Lerche trillert ihr Lied

endlose Tage fröhliche Menschen
lange Gespräche in sternklarer Nacht
Softeis zum Frühstück Baden im See
so ist der Sommer wie ich ihn seh

(Foto: Anne Koch-Gosejacob)

54

Jagdfieber einer Katze

Endlich: Sommernacht und Vollmond. Ich habe es mir auf meinem kuscheligen Bett in der großen Erdgeschosswohnung gemütlich gemacht und warte, bis es im ganzen Haus still geworden ist. Dann steige ich vorsichtig durch das offenstehende Küchenfenster, springe hinunter in meinen verwilderten Lieblingsgarten und verschwinde ungesehen.

Eine dicke weiße Wolke, die eben noch den honiggelben Mond verdeckt hat, zieht endlich weiter. Nun strahlt er wieder hell über die roten Dächer der Stadt und zeigt mir den Weg. Ich aber meide das helle Mondlicht, schleiche unter den Bäumen der breiten Allee und weiter hinter den hohen, dichtstehenden Sträuchern des engen steinigen Pfades hinunter zum leise gluckernden Fluss, zu dem kleinen ramponierten Bootshaus, in dem sie wohl seit gestern Zuflucht gefunden hat.

Ich hatte am Ufer auf dem Bauch im Gras gelegen, mir von den letzten Sonnenstrahlen den Rücken ein wenig wärmen lassen und überlegt, hinter wem ich herjagen könnte. Wer als nächstes Opfer in Frage käme, denn in der kommenden Vollmondnacht würde mein Jagdtrieb nicht mehr zu bändigen sein. Als ich meinen Kopf ein wenig anhob und durch die hohen Grashalme, die meine Nase kitzelten, zum Bootshaus schaute, sah ich sie vor der leicht geöffneten braunen Holztür sitzen und genüsslich an Etwas knabbern.

„Nein…, nicht jetzt! Ich werde dich in der kommenden Nacht holen", hatte ich zu mir selber gesagt und sie eine Zeitlang weiter beobachtet.

Und nun ist es soweit. Von hinten schleiche ich mich an, schaue vorsichtig um die Ecke des Holzhauses zur Tür, die immer noch etwas offensteht. Komme leise näher, Schritt für Schritt. Durch das hereinfallende Mondlicht kann ich sehen, dass sie hinten an der Wand auf dem Fußboden liegt und schläft. Mit zwei langen Sprüngen bin ich bei ihr.

„Jetzt geht es dir an den Kragen. Ich habe zwar reichlich zu Abend gegessen, aber gegen ein kleines Nachtmahl habe ich nichts einzuwenden."

Sie schreit auf, dreht sich hin und her, will mir entkommen. Ich lasse los. Panisch rennt die Kleine von einer Ecke zur anderen und ich immer hinter ihr her. Eine wilde Jagd, so richtig nach meinem Geschmack. Doch dann greife ich sie mir. Sie schreit kurz auf und schon ist es mit ihr vorbei. „Mmm, lecker…!

Zufrieden schleiche ich nach Hause. Klettere die enge Feuerleiter hoch, weiter auf das Dach und mache es mir neben dem alten Schornstein gemütlich. Von hier aus kann ich den Mond, der vollgerundet am samtblauen Nachthimmel steht, besonders gut betrachten.

Ob dort oben auch wohl einige von uns leben? Geheimnisvolle, mystische Wesen, die vielleicht sogar Gedanken lesen können? Möglicherweise kann ich ja irgendwann mit ihnen in Kontakt treten. Aber im Moment bleibe ich lieber hier, denn ich habe einen ausgezeichneten Blick auf die Häuser, auf die roten Dächer in der Nachbarschaft, auf denen jetzt ebenfalls ein paar von uns stolz wie ägyptische Göttinnen sitzen.

„Miau, miau", begrüßen wir uns.

Das gleißende Mondlicht begeistert uns so, dass wir gemeinsam eine wundervolle Arie anstimmen. Nur schade, dass trotz der späten Stunde in drei Häusern plötzlich das Licht angeht, die Fenster aufgerissen werden und ein wütendes Gezeter einsetzt.

„Verfluchtes Katzengejammer. Aufhören, aufhören mit dem Gejaule!"

Was die Leute nur haben? Ich finde, wir singen wunderschön. Aber vielleicht sollten wir noch ein bisschen üben…

Michael Thomsen

geboren 1957 in Hamburg, lebt seit 1983 in Bissendorf.
www.michael-thomsen.jimdo.com

Veröffentlichungen:
Tour de la Loire (2012, Reisebericht) ISBN 9783842376359
Pflegeprozesse (2012, Fachbuch) ISBN 9783844813791
Weser, Werre und Else (2021, Reisebericht) ISBN 9783754340813
Gewichtetes (2018, Gedichte) ISBN 9783746061498
Fixierungen vermeiden (2017/19, Fachbuch) ISBN 9783662575512
Fallgeschichten Demenz (2019, Fachbuch) ISBN 9783662587614
Zeitenstaub (2020, Gedichte) ISBN 9783751983549
Zwanzig Zwanzig (2021, Gedichte, Erzählung) ISBN 9783753406220
Prinzessin Popeline (2021, Märchen) ISBN 9783754338537
Kollateralschäden (2021, Gedichte) ISBN 9783755757252
Jakob und die Drachen (2022, Märchen) ISBN 783755785408
Nach dem Krieg (August 2022, Gedichte und Dialoge)
ISBN 9783756295111
Tom Kitwood - oder die Bedeutung des person-zentrierten Ansatzes
für die Pflegekultur (2022) ISBN 9783756800063
Die Bibliothek der magischen Buchstaben (2022, Märchen)
ISBN9783756883547
Der Seelenkern (2022, Erzählung) ISBN 9783756879663
Clochard (2022, Roman) ISBN 9783756881338
Pflege-Notstand (2023, Sachbuch) ISBN 9783753402376
Die Feuerschale (2023, Gedichte und Essays) ISBN 9783757863241
Im Namen der verlorenen Zeiten (2024, Gedichte und Essays)
ISBN 9783759713216
Die Verwechselung (2024, Roman) ISBN 9783759748850

Im Wald

Unter Baum und Baum das Pilzgeflecht
Wald - weit und breit mit Laub bedeckt.
Vom Waldgeruche voll und trunken
Bin ich ins Moos hineingesunken.

Im Farne stehend bis zu meiner Wade
Find ich unter Rinden manche Made.
Vorbei ich schreit an ein paar Kiefern,
Die noch im Winter Schatten liefern.

Der Buntspecht klopft und leise
Folgt mein Blick dem Fluge einer Meise.
Warte nun, dem Moment zu lauschen,
Einatmend lang - das Waldesrauschen.

Kann im dunklen Schatten nur vermuten
Ein zierlich Rehlein auf vier Hufen.
Folgt da meinem Schritt der Blick der Eulen
Hindurch zu mir an Stammessäulen?

Zwischen Wolkenlücken, die gewähren,
Ein paar Sonnenstrahlen zu verehren.
Bin tief hier drinnen angekommen,
Von des Waldes Geiste angenommen.

Ganz stille nur kann ich erfahren,
Dass lebend Tier und Tod im Walde waren.
Mag gar nicht schließen meine Augen,
Will alles Treiben in mich saugen.

(Mit freundlicher Genehmigung von Johannes Eidt.)

Ein plötzlich Rascheln hier und dort,
Mein Schritt, er treibt das Tier hinfort.
Lenke nun langsam meine Schritte
Hinfort aus der finstern Waldesmitte.

Zum Brennen, ich mit Holz beladen,
Verlasse nun des Waldes Farben.
Bald zu sitzen an des Ofen Wärme
Bleibt die Sehnsucht nach der Ferne.

Noch heute seh ich Blätterleuchten,
Im Herbst über Wiesen - feuchten.
Am Morgen dann danach auf dem Laub,
Darauf feinster Schnee, wie eingestaubt.

Lass Wald, Du, Winter kommen, gehen,
Dass wir im Frühjahr freudig sehen,
Was Du wieder uns zu geben hast,
Zu werden Sommers grüne Baumeslast.

Sonnensee

Eingefasst der Weg am See
Von Busch und Baum voll Tau,
Den ich am Morgen freudig geh
Und sinnend übers Ufer schau.

Sonnenstrahles weiches Licht am Morgen
Hinter Laub und Dunst so sanft verborgen,
Befreien sie des Dunkels Traumes-Dicht,
Zu reifen am erwachend Tageslicht.

Gänse mit Geschnatter aus der Luft
Finden auf glitzernd kleinen Wellen
Wasserbremsend und den Tritt voran,
Rauschend, plätschernd ihre Landebahn.

(Foto: Angela Bens)

Soll in dieser Formation versteckt
Ein Drache unerkannt verborgen sein?
So sieht es der Enkel, der noch klein.
„Ach Opa, der ist noch nicht entdeckt!"

„Nur wir beide wissen, was da drin.
Und geben uns dem Morgen hin!"
Und wandern weiter in den Wald hinein.
Vielleicht mag da ein Drache sein.

Franziskus

Ich wartete, wartete weiter,
wartete lang und länger.
Dachte an - Franziskus.

Wie lange, wie unendlich lang,
hatte er wohl warten müssen?
Waren es Tage, waren es Wochen
oder gar Monate?

Ich gab auf, schon nach Stunden.
Stand wie eine Vogelscheuche,
wagte nicht mich zu rühren.

Aber sind Vogelscheuchen nicht da,
um die Vögel zu verscheuchen?
Dachte ich, fragt´ ich mich.
Und ich wechselte die Strategie.

Das musste Franziskus auch getan haben,
denn Erfahrungen sind nicht eine Frage
von Zeit und Geduld.

Zutrauen der Vögel gewinnst Du
nicht mit Geduld allein.
Da muss viel,
viel mehr noch sein.

(Foto: Angela Bens)

64

Vom Balkon geschaut

Tauben, sogar Möwen und die Spatzen
Wollen scheinbar mit den Meisen schwatzen.
Singen mir nicht vor von Alltagssorgen;
Sie wollen mir nur ein Zuhören entborgen.

Sah plötzlich da noch den Wippestert
Frage leis, was hat der für einen Wert?
Da stößt die Elster abrupt hinzu.
Ich weiß sogleich; auch sie gehört dazu.

Die Dohlen, ein ganzer Schwarm
Auf den Telefonkabeln nah am Mast,
So schreckhaft und sogleich in Hast,
Entfliehen, wenn ich in die Hände klatsch.

Doch Meisen am Vogelhaus unverdrossen
Knabbern an Korn und den vielen Sprossen.
Den Tauben auch mal was zu Boden fällt
Ist ihnen erst einmal genug, es zählt.

Der Buntspecht hin und wieder fern vom Nest
Sich an den Stamm krallt und hackt ganz fest.
Der Reiher sich nicht wagt zum Teich,
Weil die Hausfrau stürmt heraus sogleich.

Später kreist der Storch am Himmel hoch,
Und weiter dann zur feuchten Wiese flog.

März

Schnee und Kühle wollen langsam weichen.
Noch ohne neues Laub die Eichen,
Männer in gewasch´nem Auto eilen,
Wandeln sie wie zwischen allen Zeilen.

Es reget sich der Hase, das Reh und der Fasan,
Und rasen, springen, flattern über Felder hin.
Frauen zwischen Einkauf, Wäsche, Kind
Sind unendlich vielen Dingen zugetan.

Derweil ich schau ins Sonnenlicht,
Hör den Rundfunksprecher nicht,
Der wieder mal den Unterschied betont,
Dass sich Arbeit für die Frau kaum lohnt.

Klimawandel und Autofahrt im Widerspruch,
Verpassen wir im Streik den nächsten Zug.
Der Maulwurf ist schon so früh heraus,
Schüttet grad fleißig seine Hügel auf.

Ein März, der so früh beginnt,
Dass die Natur nun spinnt.
Bald schon kriegen große Wassermassen
Auch dich und mich zu fassen.

Benjamin[1]

Du kannst mich nicht erschrecken.
Ich aber konnt´ dich heute Morgen wecken.
Mit meinem lauten, langen Schrei
War die Nachtruhe vorbei.

Ich heiße Benjamin. Ich kann´s dir nur nicht sagen.
Dafür kann ich schwere Säcke tragen.
Du, Kleiner, schaust auf mich ganz bedächtig,
Das macht dich nicht verdächtig.

Grau und Braun sind unsere Farben.
Wir sind für ein Zusammensein zu haben.
Wir heben uns nicht gern hervor,
Sind nicht geeignet für den Kirchenchor.

Wir nähern uns respektvoll an,
Zu kuscheln dann und wann.
Geduldig folg ich dir Schritt für Schritt,
Komme dabei niemals aus dem Tritt.

Ich liebe es, in der Sonne liegend zu dösen,
Muss keine schweren Rätsel lösen.
Doch muss ich mich entscheiden,
Dann will ein Risiko vermeiden.

---

[1] Dieses Gedicht widme ich Angelika Kaufmann, die mich mit ihrer fabelhaften Erzählung „Benjamins Schatten" (ISBN 978-386282-232-4) inspiriert und bereichert hat.

Entscheide immer für ein Ja oder ein Nein.
Nur eines andern Wille sollt´ s nicht sein.
Erscheinst du mir als Kumpel würdig,
Bin ich auf allen Wegen immer für dich.

Du schaust noch skeptisch rundherum,
Denkst noch nicht, ich sei zu dumm.
Bist neugierig auf mein Treiben
Hier auf den bunten Weiden.

(Foto: Michael Thomsen)

Am Meeresstrand

Weit draußen mein Inn´res tauschen
dem Meeresrauchen lauschen
Unter den schnellen Wellen
wo Muscheln nuscheln

Vom Wind betäubt die Ohren
hab´ ich mein Sinnen ganz verloren
Dreh den Kopf vom Tösen weg
zu hören, was sich in mir weckt

Wind bläst auf - den Wogenschaum
wie einen milchig-teuren Flaum
auf dessen Flocken an den Lippen
meine lockend Finger tippen

So stehe ich nachsinnend hier,
dem Strande als Mensch zur Zier
barfuß, - und das salz´ge Wasser
macht meine blassen Füße nasser

Mit leichtem Händedruck
Werf´ ich den Stein ins Meer zurück
Wo Stein zu Sand gerieben
verbleibt kein Stein auf Sieben

Sonnenstrahlen prahlen
ohne einen Preis zu zahlen
bringen heilvoll blendend Licht
freudig nieder auf´s Gesicht

Möwen vor mir dösen
sich nun vom Felsen lösen
hör ich von fern das Lachen
von Kindern mit einem Drachen

Die finden auch viel Gefallen
am Ernten der vielen Quallen
Mit Blick gericht´ aufs Meerestreiben
spür ich den Verlust der alten Zeiten

(Foto: Michael Thomsen)

Johannes Eidt

Geboren 1936 in Osnabrück, lebt als freischaffender Künstler und Liedermacher in Osnabrück.

1956 künstlerische Ausbildung an der Akademie der Bildenden Künste, Stuttgart
1960 Studium der Malerei an der Tokyo University of Arts
1983 Lehrtätigkeit an der Universität Hildesheim
2003 Erster Preis beim Poetry-Slam, Casablanca - Bad Iburg
2004 Erster Preis beim Poetry-Slam, Lagerhalle Osnabrück
2006 Radio Osnabrück - Sendung: „Ungewöhnliche Senioren"

Auftritte:
Kunsthalle Dominikanerkirche, Osnabrück
Studio ARCUS, Hannover
Kunsthaus Wiesmoor
Hildesheim, Kunstverein
Göttingen, Max-Planck-Institut
Holzminden, Schloss Bevern
Greifswald, BBK- Galerie
Osnabrück, „Regenwaldhaus" Botanischer Garten.

Die eierlegende Wollmilchsau

Du richtest dich ständig nach einer Frau.
Erfüllst ihre Wünsche, bist ungezwungen und natürlich, bist
gutmütig, sportlich, wachsam und schlau
so wie eine eierlegende Wollmilchsau.

Du frisst (isst) ihre Vollwertspeisen, die vertrockneten Fladen.
Schläfst auf dem Bettvorleger zu später Stunde.
Besorgst ihre Latschen in rot und in blau,
als wärst du eine eierlegende Wollmilchsau.

Du lässt dich prügeln, doch du wirst sie nicht hassen.
Sie streichelt dein Fell und du leckst ihre Schenkel.
Du massierst ihr die Waden, schlürfst den Kakao.
Du bist eine eierlegende Wollmilchsau.

Du suchst den Knüppel im Gehege, kriechst durch den Verhau.
Ihre Stimme ist schrill nach jedem Drill.
Sie kann es nicht lassen dich anzufassen.
Und wenn der Briefträger kommt, rufst du: „Wau, Wau!"

Doch du bist kein Rottweiler, Spitz oder Pudel,
kein Mops oder Bobtail, kein Golden Retriever,
kein Dobermann, Pitbull und auch kein Chow-Chow.
Du bleibst eine eierlegende Wollmilchsau.

Rettung bedrohter Tierarten

Verzweifelt wehrten wir uns, gegen diesen Pöbel.
Ich sprang in die Pfanne – ins Ratatouille–
und suhlte mich im Limetten-Schaum.
Wir pissten an brandneue Rattan-Möbel,
denn sie nahmen unserem Leben - Raum.

Mit Stahl-Drahtschlingen killten sie meinen Opa.
Das System war ihm fremd, darum musste er sterben.
Die neuen Fangmethoden aus Osteuropa
zogen so viele von uns ins Verderben.

Wen man fängt, den fängt man.
Und wen man nicht fängt, den wird man ja wohl nicht fangen.

Ich selbst geriet in die Lebend-Falle.
Wütend biss ich in Gitterstäbe und fluchte:
„Sie testen mein Herz – mein Hirn – und meine Galle.
Und sie verwenden mich für Tierversuche!"

Ick denk woarümme se dat maken de Lüe up`n Land un in Ossenbrügge.
Se hepp vandage nix mähr to quaken,
de aule Tied kuommt nie mähr torügge!

Die Vertriebenen

Unsere Lebensweise, Sie werden sie nicht mögen,
denn wir leben im Abfall und dunklen Kanälen.
Wir fressen mit Schweinen aus ihren Trögen.
Wir sind stark und autark.
An nichts tat uns fehlen in den Neubauruinen,
leerstehenden Sälen, in Sperrmüll und Schutt.
In den Küchenabfällen da gibt es Kartoffelsalat
und den Rest von Garnelen.
Uns reicht aber auch der Fraß aus den Kaninchenställen.

Denn wer es mag, mag es.
Und wer es nicht mag, der mag es ja wohl nicht mögen!

Doch dann kamen die Neuen.
Die neuen Hausbewohner mit ihren Pötten und Pannen,
mit Tassen und Tellern.
Sie tanzten und spielten auf einem Hohner-Akkordeon
und vertrieben uns aus ihren vollgestellten Kellern.

Mein Cousin probierte die herumliegenden, blaugrünen Flocken.
Ich selbst war gewarnt, mir konnte nichts passieren.
In der Kehle wurde ihm bald wahnsinnig trocken.
Noch in der Nacht musste er elendig krepieren.

Denn wen es trifft, den trifft es.
Und wen es nicht trifft, den wird es ja wohl nicht treffen!

Renate Berger

geboren 1943, wohnhaft in Bohmte.
Sie veröffentlichte 2012 ihre Lebensgeschichte in dem Buch: „Leben und Liebe zweier Kriegskinder"
Sie verfasste Gedichte und Kurzgeschichten und hielt szenische Lesungen auch mit anderen Autoren und Künstlern.

Seit 2013 drückt sie ihre Fantasie auch in Bildern aus. Sie betreibt aktiv die Hobbymalerei, in Acryltechnik in sehr unterschiedlichen Stilarten, bislang mit mehreren Ausstellungen in Bohmte und
im Haus Lechtenbrink in Bissendorf, sowie im Rathaus Bersenbrück.
Seit zwei Jahren ist sie aktiv in der Osnabrücker Theatergruppe „Silberdisteln O2".

Rüdiger der Eber

Im Stall steht Rüdiger, der starke Eber.
Er seufzt und grunzt, so voller Liebesschmacht.
Die Brunst schlägt ihm fast auf die Leber,
die Sau von nebenan soll`s sein, hat er gedacht.

Angetan von seiner borstigen Schwarte,
reibt sie den süßen Hängebauch am Schweinekoben,
zeigt ihre duftende Visitenkarte,
das Ringelschwänzchen ringelt keck nach oben.
Im Äuglein Schelmenblick, der Rüdiger spricht: "Na warte!"

Sie schmatzt sehr feucht: „Ich heiß Burglinde."
Der Eber Rüdiger denkt nur noch an die Sünde.
Doch Rüdiger, der starke Eber,
er hat ein viel zu sonniges Gemüt,
er ist total vernarrt und kann nicht ahnen,
was ihm im Leben noch so alles blüht.

Nie hat der Rüdiger an Konkurrenz gedacht,
doch sein Nachbar war ein ausgesprochener Streber.
Er machte sich bei jedem Schwein beliebt, bei Tag und Nacht
und wurde bald im Stall der Obereber.
In alle Angelegenheiten steckte er seinen Rüssel rein.
Auch die Burglinde hat er angeschmachtet,
er war ein fieses fettes Oberschwein,
schleimig hat er sie gleich vernascht.
„Die Zeit ist kurz," meint er, „eh man uns beide schlachtet."

(Mit freundlicher Genehmigung von Johannes Eidt.)

Burglinde quiekte schrill und pinkelt sich ans Bein,
und Rüdiger schaute saudumm, voller Pein.
„O," seufzt der Rüdiger, „ihr süßen Bachen,
ich dach`t, ihr wartet alle nur auf mich.
Was reizt euch an dem fetten Kerl mit seinen fiesen Sachen?"

Grunzt resigniert der Rüdiger:
„Wo bleibt ein armes Schwein wie ich?"

Aus Kummer fraß sich Rüdiger die Plauze voll und fett,
er blickte nur noch lustlos in die Runde,
bald kam der Schlachter, ging ihm ans Kotelett.
Auch für Burglinde schlug die letzte Stunde.
Gemeinsam tritt man quiekend an, im Schlachthof,
ganz nah zusammen, tauscht einen Friedensgruß.
„Wir sehen uns wieder am Büfett im Gasthof,"
eh er erschallt, der Todesbolzenschuß.

Die ausgebeinten Stücke sieden bald im gleichen Topf.
Dort garte lang, was übrigblieb, vom Pfötchen bis zum Kopf.
So wurden sie im Tod, zu einem Fleisch vereinigt,
in runder kleiner Blechkonserve,
im Eisbein in Aspik!

Stichfest oder die Mückenplage

An einem Frühlingstag im Mai,
mein Seidenkleid schön rückenfrei.
Wir speisten Fisch auf der Terrasse
im Seelokal von hoher Klasse.

Unbemerkt zu später Stunde
in ausgelassener Frauenrunde
war plötzlich da, die Mückenplage
beim Sonnenuntergangsgelage.

Über dem See im Abendscheine
schwirrten tausend dünne Beine.
Mein Rückenausschnitt bot ein Ziel
der den Tierchen gut gefiel.

Die zarte Haut so hoch begehrt
blieb demgemäß nicht unversehrt,
wildes Fuchteln, Wedelei,
schien den Biestern einerlei.

Drei Damen fingen an zu rauchen
am Nachbartisch ein böses fauchen
„zu uns braucht ihr den Rauch nicht blasen."
Insekten sollte man vergasen.

Doch kamen immer neue Schwärme,
es half nichts in der feuchten Wärme.
Kreischend schlug ich, kaum zu glauben,
sie wollten nur mein Blut noch saugen!

Die Haut am Rücken, im Gesicht
Rot juckend jeder Mückenstich,
78 an der Zahl --- welch eine Qual.
An feuchten warmen Niederungen
wird oft ein Mückenlied gesungen.

Uwe Schwindt

Geboren 1962 in Paderborn,
wohnhaft in Bissendorf, Landkreis Osnabrück.

Veröffentlichungen in mehreren Anthologien, u.a. „Das Mädchen mit
dem roten Koffer und andere unglaubliche Geschichten" und
„Märchen im Reim" erschienen im net-Verlag.

Teilnahme an diversen Literaturwettbewerben und Poetry-Slam-
Veranstaltungen sowie
Lesungen mit anderen Autoren in der Region Osnabrück.

Das Rhinozeros

Das Rhinozeros hatte einen Traum,
es wöge 60 Kilo kaum!
Es eilte zu einer klaren Quelle,
schnell und leicht wie die Gazelle.
Mit Anmut, die es nie gekannt,
läuft es entlang der Steppe Rand.

Mit mal kamen ihm in die Quere
Gedanken an die eigene Körperschwere.
Erschöpft erwacht es aus dem Traum,
schwenkt seinen Kopf durch den Raum,
stellt sich auf die Beine, die schweren,
die ihm bislang den Leichtfuß verwehren,
schüttelt, rüttelt und dehnt sich aus,
ist nun wieder ganz im eigenen Körper zu Haus.

Ruft „Hipp, hipp, hurra!"
Jetzt bin ich wieder voll dar!
Und erträgt voll Würde
Seines schweren Leibes Bürde.

Die Made

Auf dem Schulhof fand ich, wie schade
ein Stück Pausenbrot, beschmiert mit Marmelade
und darauf lag eine Made.

Die wollte gerade gehen,
doch das konnte ich nicht verstehen.
Ich sagte: „Halt, im Liegen ist gehen doch ehr schwierig."
Die Made sprach: „Das sagst du, denk doch mal tierisch.
Wenn eine Made liegt, dann geht sie auch!"
„Also gehst du im Liegen auf dem Bauch?"
„Alter, Mann, bist du dumm?"
Maden können nicht gehen, die kriechen einfach rum."
„Und außerdem sei sie jetzt auf dem Weg nach China,
um sich zu rächen an ihrer Ex-Freundin Nina."

Daraufhin nahm ich die Made in die Hand,
in der sie sich dann wie wild wand.
„Sag, sonst werde ich die zerbrechen,
warum willst du dich an dieser Nina rächen?"

Die Made erzählte nun fade,
damals waren wir zusammen herumgekrochen
und wir hatten uns versprochen,
wenn wir groß sind wandern wir aus.
Zuerst dachten wir an ein Baumhaus,
doch die Gedanken gingen weiter,
der Madenhorizont wurde breiter

und irgendwann sprach Nina:
„Weißt du was, wir kriechen nach China"

Doch schon eine Verpuppung später
wurde aus Nina ein Verräter,
denn Alter, die Nina war jetzt ein Falter.
Der Falter der lachte mich Made nun aus.
„Nach China kriechen, nimm doch lieber das Baumhaus."
Und dann flog der Falter davon, und die Rachepläne begonnen.
Wenn ich erst mal in China bin, und das kriege ich zweifellos hin,
dann schreibe ich auf alles, nicht nur auf Baumrinde,
dass ich, die Made mich in China befinde.

Was für ein verrückter Tagtraum dachte ich,
Maden kriechen von Baum zu Baum,
aber nach China doch nicht.
Doch als am Abend vom selben Tag, ein Paket vor meiner Türe
lag, ich hatte mir für wenig Geld eine neue Handyhülle bestellt,
ist mir fast das Herz stehen geblieben,
denn **Made in China** stand darauf geschrieben.

Die Zecke

Sie war einssiebzig groß
und ihr Haar war schwarz wie die Nacht
und eine solche hätt ein jeder
wohl gern mit ihr verbracht.
Ihre Augen, tief und dunkelbraun,
für einen Blick von Ihr
macht man sich gern zum Clown.
Nichts zu meckern gab es auch
an ihrem Kleid, mit tiefem Ausschnitt
schmiegte es sich eng über ihren Po,
dieser Anblick machte einen jeden froh.

Es lauert eine gemeine Zecke
im Dickicht einer Buchenhecke.
Sie lechzt nach einer holden Maid
mit Dekolleté und Sommerkleid.
Zum Rendezvous tänzelt die Hilde.
Es soll`s passieren, denn Hans will se.
Die Brüste hüpfen liebestoll,
Zecklein springt auf und saugt sich voll,
erlebt orgastisches Vergnügen.
Bleibt schließlich ganz ermattet liegen.

Schon breitet Hans seine Arme
und schnell erliegt die Maid dem Charme.
Mit seinen triefend feuchten Lippen
will Otto eilends bauchwärts nippen.
In einem Anflug wilder Gier,
liebkost der die Brust, saugt auf das Tier.

„Igitt," spuckt er und unterbricht,
doch Hilde missversteht das schlicht.
Sie wendet und verliert ein Wort,
läuft schließlich lauthals fluchend fort.
So kommt`s das dank der Zecke List
Das Mädchen heut noch Jungfrau ist.

Giraffen

Ziemlich groß sind die Giraffen,
und sie müssen nicht wie Affen,
auf die hohen Bäume steigen,
zu den Blättern an den Zweigen,
die sie mit der Zunge schnell erhaschen
um sie liebend gern zu vernaschen.

Die langen Hälse bringen sie auf die Schnelle
ganz bequem zur Futterstelle.
Mühsam aber gestaltet sich das Laufen,
zum Wassertümpel, um zu saufen.
Gefahrvoll dort das Unterfangen,
um rasch ans Wasser zu gelangen.
Hastig müssen sie sich bücken,
das ist unbequem für ihren Rücken.

Nobel sieht die Welt von oben aus,
weit schweift der Blick ins Land hinaus,
Grasland, Busch und Schirmakazie,
verleihen der Landschaft Grazie.
Sattes Grün, soweit das Auge reicht,
die Savanne einem Paradiese gleicht.

(Foto: Angela Bens)

Heulen, blöken oder pfeifen?

Man kann
mit den Wölfen heulen
oder mit den Schafen blöken.

Man kann aber auch
wie die Vögel
auf beides pfeifen.

(Foto: Angela Bens)

Wolfgang Meyer

Wolfgang Meyer wurde 1948 in Osnabrück geboren.
Er widmet sich seit vielen Jahren der Literatur.
Bevorzugte Arbeitsgebiete sind Lyrik und Kurzgeschichten.
Veröffentlichungen in diversen Anthologien und Zeitschriften.
Preisträger verschiedener Lyrikwettbewerbe.
Er leitet seit mehr als zehn Jahren die Literaturgruppe "Schriftrolle".

Der Wolf

Ich gehe über den Hof meines Geburtshauses,
der langgestreckt sich bis zur Straße hinzieht;
schlacke- und erdbedeckt, samstags empfangsbereit zum
wöchentlichen Harken. Gegenüber dem Haus wird er von einer
mit Kartoffeln bebauten Ackerfläche begrenzt.

Die Kartoffeln in prächtigem Grün und blühendem Hochmut
sind dieses Jahr besonders wundervoll geraten. Alle Rillen sind
wohlgeformt, sauber, ja knollengerecht. Jauchegetränkt heißt gut
wachsen.

In einer dieser pflanzengesäumten Rille steht er, mir zugewandt,
sieht mich listig an. Der Wolf. Braungrau, den struppigen
Schwanz leicht nach hinten bewegend. Er macht einen Schritt in
meine Richtung. Bedrohung? Vielleicht, ja!

Ich versuche zu reden, ihn zu beruhigen oder besser mich. Es
geht nicht. Eine innere Lähmung macht sich in mir breit.
Schreien will ich, es ist nicht möglich.

Eine hochgeladene Spannung hat sich entwickelt. Mensch gegen
Wolf. Ich denke an die gruseligen Geschichten des Untiers, als
geisleinfressende Ungeheuer. Grimms Weisheiten kommen mir
in den Sinn. Früher benutzte man Wolfsangeln, um sich der
Gefahr zu entledigen. Plötzlich jaule ich, grunze, brülle, wie einst
in Urzeiten des Menschen erprobt.

Der Wolf grinst, scheint es mir, aber er schweigt, bleibt in seiner Kartoffelrinnenstellung. Die Situation ist wir festgezurrt, wie von einem Fotografen aufs Bild gebannt.

Auf der Eingangstreppe zum Haus steht plötzlich meine Frau, ahnt natürlich von alldem nichts.

Grunzend versuche ich sie zu warnen, sie versteht es nicht. Ein Wolfsgeheul könnte jetzt hilfreich sein. Unsicher kommt sie auf mich zu. Ich stehe wie versteinert auf dem Hof.

Die Gefahr lauert. Wann setzt der Wolf zum Sprung an.

Eine zeternde Krähe reißt mich aus meinem Traum.

Kartoffeln möchte ich heut` nicht mehr essen.
Ich heiße Wolfgang.

4.10.2008, aus einem Traum

Die andere Perspektive

ihr schaut mich an
und schaut mir zu
die einen interessiert
andere zum Vergnügen
manches Mal verächtlich
doch eigentlich
bin ich einer von euch
genetisch fast identisch
Bäume waren immer
meine Heimat
meine Naturverbundenheit
ihr aber musstet in die Weite
wurdet stets technikbesessener
habt immer euch selbst
für außergewöhnlich gehalten
nur an euren Wohlstand gedacht
und meinen Lebensraum zerstört

stellt euch vor
ihr wäret hinter Gitter
ich hätte reichlich Spaß
an eurem Verhalten
verfolgte euren
ständigen Sexualtrieb
die boshaften Anfeindungen
den Mitgefangenen gegenüber
die Brutalität

ich könnte eine Banane
durchs Gitter schieben
sie würde schnellstens vertilgt
das äffische Dasein ist
aus euren Genen nie verschwunden

mir bleibt nur eines
ein kleines hämisches Lachen
über meine menschlichen Verwandten
die mir keine Rechte zustehen wollen

(Foto: Angela Bens)

93

Fragestellung

schaut mich an
meine Schönheit
wird euch faszinieren
mein herrlich
gewachsenes Gehörn
mein flauschig dichtes Fell
die wunderbar
geformten Ohren
eine grandios
gesetzte Zahnpartie
in himmlischem Beißerweis
so steh´ ich vor euch
lächle hold
stelle mich zur Schau

wisst ihr wer ich bin

(Foto: Angela Bens)

Mit den Wölfen heulen

könnten die Schafe
mit den Wölfen heulen
brächte es ihnen Sicherheit
doch Gras fressen
bringt nur ein sanftes Mäh
keine Gegenwehr
nur ein
mühsam bedächtiges Davonlaufen
Ergebenheit
vorm Fleischfresser
die Taktik
sich ständig
inmitten der Herde aufzuhalten
ergäbe eine Lösung
dennoch
immer besteht
der äußere Rand
aus Schafen
die Gesetze der Natur
lassen sich nicht ändern
ebenso wenig
wie die Gene des Wolfes
und der holt sich Fleisch
mit dem geringsten Widerstand

die Vorstellung
des gemeinsamen Grasens
von Wolf und Schaf
bleibt Wunschtraum
die Evolution
hat es anders gewollt

28.12.2017

Lüttke Rüens met Höerns

Neugier ist, wie auch die Angst, ein inneres menschliches Signal zum Überleben.
Wenn es allerdings krankhafte und überzogene Ausmaße annimmt, führt es zu Unannehmlichkeiten mit anderen Menschen.

So auch die bei vielen Leuten anzutreffende Begierde zu hören, was es denn beim Nachbarn zu essen gibt. Und das regelmäßig, also täglich.

„Was gibt es denn heute bei euch zum Mittag"? Diese Frage beim kurzen Plaudern, beim sich hinziehenden Sabbeln, im Vorbeigehen oder beim Einkaufen gestellt, diese Frage kann schon mächtig nerven. Es sind banale Dinge zum Weitererzählen. „Du, bei Mariechen gibt's doch schon wieder Bohneneintopf, der fällt wohl auch nichts anderes ein.

Diese Tratschfrage ging meiner Großmutter mächtig gegen den Strich. Begann ein Satz morgens nach zehn Uhr mit: „Was gibt es denn heute....", unterbrach sie barsch mit der Antwort: „Lüttge Rüens met Höerns". Man verstand natürlich plattdeutsch. Aber, kleine Hunde mit Hörner?

Es endete mit einem raschen Abbruch der Unterhaltung und dem ungläubigen Gesichtsausdruck der neugierigen Person. „Wer isst denn so etwas, was gibt's dazu und was ist das überhaupt. Kann man doch nicht essen und dazu noch mit Hörner".

Bis auch die letzte Naivität merkte, dass sie mit einem aufgebundenen Bären herumlief.

Meine Großmutter ging dann mit einem Lächeln zum Kochtopf zurück. Es gab Bohneneintopf. So konnte sie sich ihre lästigen Tratschtanten vom Halse halten, hatte ihnen die Hundehörner aufgesetzt. Und wer es dann immer noch nicht kapierte, bekam von ihr das Rezept geliefert:

„Kleine gehörnte Hunde so lange in kochendem Wasser garen, bis die Hörner abfallen, das Fleisch sich in ein Huhn verwandelt hat, sodann man jetzt nach Art und Weise des Hühnerfrikassees handeln kann. Mit den Hörnern die wabbelige Haut abziehen, das Hühnchenfleisch von den Knochen pulen, kleinschneiden, würzen und besoßen."

Guten Appetit!

22.6.2017

Von der Lebensvereinfachung der Seescheide

Mit ihrer Sesshaftwerdung
bekommt die Meereskreatur
die absolute Erdung,
den ewigen Standort pur.

Die Zeit zum Wassertreiben,
der Jugend und dem Wellenreiten
ist vorbei, sie wird jetzt bleiben
an eines Standorts Köstlichkeiten.

Nahrung rein, Abfall raus ist
der Seescheide täglich Leben.
Da sie fortan nur noch frisst,
kann sie auch ´s Gehirn abgeben.

Sie verschlingt es selbst im Nu,
muss ihr doch wohl munden.
Hat sodann vorm Denken Ruh,
schwupps war es verschwunden.

Leben scheint´s hat nur den Sinn,
gib dich deiner Nahrung hin.
Fragt man nach alledem „warum?
Bewegungsarmut macht recht dumm.

12.6.2017

Wollen wir Wölfe wiederhaben?

welchen Weg wir wohl wollen,
wählt Wanderers Wirt wohlan.
Wald, Wiese, Wasserlauf,
Wildheit wohnt wundersam.
Wolfs Werdegang
wird wortgewandt weggewünscht.

waldwärts wuchern weiter
Wildmärchens Weisen
wohlberechnendem Wolfsfraß.
wölfische Wirklichkeit
wollen wir wecken.
Wolfs Wesen wirkt
wehmütig wund.

21.9.2014

Abschied

mit Sommerflügel
Im Aufwind
vom Norden getrieben
krächsen Kraniche
ihr sehnendes Südlied
klingendes Fernweh
die ordnende Eins
hat den Rückflug
schon gebucht

Wir erwarten euch
zurück
wenn unsere milde Luft
sich
unter eure Federn
schwingt

Cornelia Bramkamp

geboren 1955 in Osnabrück, verheiratet, drei Kinder.
Der jüngste Sohn wurde mit einem seltenen Gendefekt,
dem PWS-Syndrom geboren, er ist schwerbehindert.
Beruf: Heilpädagogik, Arbeitsfeld: Integration der Kinder mit
Förderbedarf in der KITA
Nach der Verrentung Tätigkeit als Oma und ausgebildete
Gästeführerin und Geschichtenerzählerin.
Führungen unter anderem durchs Moor.
Aktuell als Rotkäppchen und zuvor als Gretel in der Kasperbühne im
Waggon in Bad Essen.

Sultan, der Wüstenkönig -
oder Hilfe, wir sind auf den Hund gekommen

Wer ist denn wir und wer ist der Hund? Nun - da fange ich doch einfach einmal an zu erzählen. Wir, das ist unsere Familie, Vater Willi, Techniker. Er betreut Drucker und Computer aller Art im Außendienst oder er repariert sie von zu Hause aus. Seine Kunden kommen also auch in unser Haus, es gibt regen Kundenkontakt bei uns.

Dann bin da ich, von Beruf Heilpädagogin, ich bin vielseitig interessiert, liebe den Garten, engagiere mich in der Politik, im Ehrenamt und soziale Themen sind mir wichtig. Aber vor allem habe ich sehr große Angst vor Hunden. Wenn ich durch eine Einkaufszone gehe, schaue ich mehr nach hinten als nach vorne. Immer in der Angst vor einem Hund, der mir vielleicht jetzt in die Wade beißen könnte. Ich schaue zurück und sollte doch besser auf unsere süßen Kinder schauen.

Da ist Heidi, sprachbegabt, neugierig, nie ruhig. Sie ist unser kleiner Fernsehstar, denn sie durfte bei der Sendung mit der Maus mitspielen. Und Mia, zweieinhalb Jahre jünger, ebenso hübsch, intelligent, süß und aufgeweckt. Sie ist viel ruhiger als ihre Schwester und häufiger krank. Mia, die immer wieder den Satz hören muss, "Du bist doch die Schwester von Heidi?" Das sollte sich ändern, das mit dem Satz: "Du bist doch die Schwester Von?" und meine ständige Panik vor dem Hund. So trat ein kleiner Hund in unser Leben und wurde ein Teil davon.

Das kam so, Freunde von uns haben einen Dackel ähnlichen Mischlingshund gekauft, der sich kurze Zeit später als schwanger entpuppte. Und Mias vierter Geburtstag nahte. Sollten wir? Hunde-Angst (Phobie) lässt sich doch am besten mit einem Hund bekämpfen?! Ein Hund, der aus Mia eine stolze Hundebesitzerin machte, die dann auch einmal ein wenig im Mittelpunkt stehen würde. Das hielten wir für einen guten Plan. So zog ein kleines, schwarzes, flauschiges Welpen Kind bei uns ein. Der kleine Mischling aus Dackel und Pudel war so herzig und so süß, es war ein super Geburtstagsgeschenk für Mia.

Der neue Star unserer Familie, nein, vor dem braucht nicht einmal ich Angst haben! Oder doch? Das zeigte sich später.

So ein wuscheliger Hund! Jetzt musste der neue Mitbewohner erst einmal einen Namen bekommen. Ein Rüde, ein Mischling, kein exklusiver Marken-Hund. Doch schon jetzt ist er für uns etwas ganz Großes, der kleine König der Familie. So nannten wir ihn Sultan, diesen kleinen Mischling, unseren Wüstenkönig, groß und mächtig. Ja, genau das wurde er immer mächtiger. Wenn auch Dackel klein, ab jetzt ist Sultan das meistgebrauchte Wort der gesamten Familie, Oma und Opa eingeschlossen.

Es begann bereits in der ersten Nacht. Warum hört denn das Jaulen gar nicht auf? "Sultan": tönt es aus allen Zimmern, immer wieder, die ganze Nacht. Was hatte Sultan nur? "Oh, mein Gott, Sultan": rief es am anderen Morgen aus Heidis Mund:" Sultan hat meinen Schuh angeknabbert." Kaum war das Werk bewundert, rief schon Mia:" Oh, oh Mama, Sultan hat auf dem Teppich ein Würstchen gemacht und jetzt macht er auch noch Pipi."

Nun galt es, erst einmal für die Kinder zu sorgen. Heidi in die Schule gebracht, und Mia mit dem Geburtstagskuchen und fein gemacht in den Kindergarten. Jetzt erst einmal das Maleur

beseitigen. "Nein Sultan, nicht den Teppich!" "Nicht schon wieder!" Jetzt wird erst einmal eingekauft, was der Welpenratgeber so empfiehlt. Ach so, spezielles Welpenfutter und etwas zum Knabbern, galt es zu besorgen, laut Buch ein Muss. Der Termin beim Tierarzt wird gemacht! Anmeldung im Gemeindebüro und spätestens alle zwei Stunden am Anfang Gassi gehen. Also wir raus, wir Zwei. Natürlich kam kein Pipi und auch kein Würstchen. Es kam natürlich nix draußen, so wie es soll. Dafür, als wir wieder zurück waren, oh nein, dieses Mal ein anderer Teppich. Aloys besorgte das Nötige unter anderem etwas zum Knabbern, ihr wisst schon nicht noch einmal einen Kinderschuh. Da es klingelt, klingelt ein Kunde, es klingelt und es bellt laut sehr laut und es hört auch nicht mit Sultan auf.
Ich versuche mich dem Kunden wie gewohnt zu widmen, doch es bellt, Sultan bellt. Sultan aus, ruhig Sultan, Sultan bitte Sultan! Komm ich bringe dich in den Abstellraum, nix hilft, Sultan bellt eine lange Zeit. Dem Kunden wurde geholfen und ich nahm das Welpenbuch erneut zur Hand, der Hund im Abstellraum war nun ruhig.

Willi kam wie üblich durch diesen Raum von den Besorgungen zurück und schon wieder tönte ein Sultan-Aufschrei durchs Haus. Sultan hatte sein Körbchen angeknabbert, schnell bekam er sein gekauftes Knabber-Teil, doch was soll ich sagen? Das mochte er nicht, er bevorzugte auch weiterhin herumliegende Schuhe, ja und sein wunderschönes neues Hundekörbchen lag bald schon nur noch in Fetzen da. In wenigen Wochen sollten wir ein neues Hundekörbchen, drei Paar Schuhe und Reinigungsmittel für Wollteppiche gekauft haben. Sultan gewöhnte sich an uns und wir uns an ihn. Er wurde stubenrein und schlief mittlerweile im Abstellraum, ohne in der Nacht zu heulen. Das zweite Körbchen ließ er auch in Ruhe. Er bevorzugte den zerbissenen Herrenschuhe und sein altes Körbchen zum Zerbeißen.

Er, Sultan und ich Antonia mit der Hundephobie, wir hatten in kurzer Zeit voneinander gelernt. Sultan von uns Menschen, er war in der Zwischenzeit auch stubenrein und mich ängstigen andere Hunde nicht mehr so sehr, toll! Dafür entwickelte ich in der Zwischenzeit eine enorme Phobie vor unserer Klingel, ihr wisst es bellt, Sultan bellt, laut sehr laut, nicht abstellbar, also versucht jeder in der Familie einschließlich Oma und Opa oder Freunde, die sich im Haus befinden, die Haustür schnell zu öffnen. Doch Fehler, ein Fehler, ein riesengroßer Fehler, der ständig passiert, denn Sultan wittert seine Chance. Es treibt ihn in die Welt, in die Welt da draußen voller Abenteuer und Schwupps - ist der wieder einmal entwischt durch die Beine, das kleine wuselige Schnelle etwas, in Null Komma nix ist der weg, draußen vor der Tür und plötzlich rufen alle nur noch Sultan, Sultan! Wir, die Freunde, die Kinder, Oma, Opa, die Nachbarn, einfach Alle. Irgendwer fängt ihn dann irgendwie wieder ein.

Für Nachbarschaftskontakt sorgt Sultan, denn oft finden wir ihn in einer Nachbarwohnung, ja bekannt ist er, unser kleiner König, Sultan, in der gesamten Nachbarschaft, bekannt wie ein bunter Hund. Und das ist wörtlich zu nehmen.

Doch er sollte eine richtige kleine schwarze Berühmtheit werden und das kam so. Lieb war er, der kleine Kerl, liebenswürdig, geduldig und unendlich kinderlieb. Alles konnten sie mit ihm anstellen, fast alles ließ er gerne mit sich machen, Knuddeln, Streicheln, in Pappkartons einsperren und vieles mehr. Eines Tages kamen unsere beiden Mädchen auf die Idee, Sultan sollte ihre Puppe sein, eine echte, eine lebendige Puppe, so etwa wie die große Holly- Puppe, dort auf dem Regal. Ob ihm das Puppenkleid wohl passen würde? Also ziehen sie die große Puppe aus und ihr ahnt es schon, ihr Kleid dem Hund an. Der fand das auch immer noch gut, als die Kinder ihm den dazugehörigen Schlapphut aufsetzen. Alle lachten! Gerade sollte der Fotoapparat dieses Bild für die Ewigkeit festhalten, da geschah es, es klingelte und es bellte laut. Opa ging schlürfend zur Tür, öffnete und…. Alles schrie, rief, Sultan! Haltet den Hund! Zu spät! Ab durch die Beine von Opa, ab ins Dorf. Was

war das für ein Bild? Ein schwarzer, wuscheliger Dackel- Mischling mit Kleidchen und Cappy rannte durch die Dorfstraße. So etwas hatte noch keiner gesehen. Schnell konnte er nicht rennen, bei jedem vierten Schritt war ihm das Kleid im Weg und er stolperte kugelnd voran. Was für ein Bild! Das halbe Dorf lachte und lachte! Spätestens jetzt kannten und liebten alle unseren kleinen königlichen Sultan.

(Foto: Angela Bens)

107

Leo Menkhaus

„1949 in Osnabrück geboren, tatsächlich (nicht nur gefühlt)
Nachkriegskind, das noch den Mangel an vielem kennen gelernt hat.
Mein Vater war Handwerker, dem wir Jungens oft zur Hand gehen
mussten beim Wiederaufbau des teilzerstörten Elternhauses. Dabei tat
ich nichts lieber als lesen!

Grundschule und dann Gymnasium, integriert ins Internat der Steyler
Missionare. Kontra: Ich war von zu Hause weg, pro: Ich machte mein
Abitur. Dann Lehramtsstudium Deutsch und Geschichte, keine Stelle
bekommen und seitdem in verschiedenen Bildungseinrichtungen, meist
in Sprachkursen als Dozent gearbeitet.

‚Nebenbei‘ habe ich oft und gern Gedichte geschrieben, fast immer nur
einigen Freunden vorgestellt.“

In der Gartenwelt

Bussarde
Bussarde kreisen, kreisen ..."
- Nach all den Krähenattacken! -
in Höhen, immer höheren, fort.

Konkurrenz
„Dass Meisen, die da,
'ne Taube verjagen ..."
Nie im Leben! –"
„Doch, gerade eben!"

Beim Baden
Beim Baden der Drossel
schi-, schimpfte der Fink: Nun
spri-, spritz doch nicht so!

Feuerfunken
Mittagssonne! - und schon springt
heraus aus dem Busch
ein Eichhörnchen: feuerrot!

Igel
Seit Wochen ist da bei uns im
Garten ein kleiner Igel unterwegs.
Hat keine Angst; keineswegs!

Frühling
Wie sich die Hummeln um die Blüten
wieder, die bunten, herumtummeln,
mit welchem lautstarken Gebrumm! -
(Für uns gilt: Silentium!)

Vogelwelt
Spatzen?! - Nich' doch! Igitt!
Braunellen! - Zwei junge Brau-
nellen: Flink, fleißig & fit!

Experten
„Da, schau mal, 'ne Lerche!"
„Du hast doch'n - Knall!
Das ist eine Nachtigall!" -
„Auf gar keinen Fall!"

Mahlzeit!
Meisen! So viele Meisen! – Die gerne
auch um unsere Rosen kreisen,
um dort dann tatsächlich
dicke, fette Läuse zu verspeisen ..."
(Nehmt sie mit! Nehmt sie bloß mit!
 Und: Guten Appetit!)

Baumwürger

Dieser alte, fette Baumwürger,
dachte ich, kann weg. - Denkste! -
Denn sofort kam kreischender Protest
aus einem frischen - Singdrosselnest!

Drossel

Der Drossel ihr Ex, der hatte bei ihr total
verschissen! – Du bist mir egal! Du bist mir egal! Und will jetzt
nichts mehr von dir wissen!

Specht

Der Specht, wie der seit Stunden
hämmert & haut! – So laut! Mann, so laut!
Baut wohl 'ne Höhle für seine - Braut?!

Kranich

„Da brat mir doch einer 'n Storch!
'n Kranich! - Bei uns auf'm Dach!?"
„Ach? - Tach ..."

Hundstage

Schwitzen, auf der Terrasse, das hat,
in der Abenddämmerung, so seine
Tücken!
Wolken manchmal voller -
Stechmücken!

(Foto: Angela Bens)

Dompfaff

Witt,witt! Witt, witt! - Wir machten
gleich mit: Witt,witt! Witt, witt! -
Da, schau! Er schaut! –
Und hat sich dann doch nicht hergetraut!

Rotkehlchen

's Rotkehlchen sprang auf dem Tisch herum:
Piep! Piep! Piep! - Gib mir was! Gib! -
'n Stücken vom Kuchen?! -Danke, sehr -lieb!

Bachstelze

Die Bachstelze da (ohne Bach!),
die hüpft & wippt den ganzen Tach
sich da bei uns schlank ...!
(Dabei ist ihr Schwanz, ihr dünner,
 sowieso schon ziemlich - lang!)

Mauersegler

Sie kommen mir vor, die Segler da oben,
wie Kinder, die auf dem Schulhof rumtoben.
Und haben ..."- Da, wieder ein schriller Schrei! -
beim Jagen durchaus ihren Spaß dabei.

Schatten

Dämmrung! – Lautlos schwirrende
Schatten! – Gehn wir wohl besser ins Haus! -
Doch bloß 'ne - Fledermaus!

Eichelhäher

Ein Eichelhäher und ein Blitz, ein jäher,
der aus ihm machte, ganz kurz im Feuerschein,
einen glänzenden – Edelstein!

Busy

Geschäftig und flink hin und her
eilt die Spitzmaus, dann stoppt sie: erschauert! -
Ob da wohl wieder die Katze lauert?!

Taubenpack

„Was die sich erlauben, die Tauben da jetzt:
Sie haben doch glattt den Kirschbaum besetzt
und schon eine Menge Kirschen verschluckt!
Ich hab' erst nur blöde gekuckt ...“
Dann aber ist er geplatzt mir, der Kragen!
Und schrei' nun und schimpfe, um sie zu verjagen …

Dogtail
(Scharf wie'n Cocktail!)

Wie geht's dem Hund?
Doch, doch: gesund!
    Durchaus gesund!

Und singt ...;
    und singt ...-
- (Auch wenn's nach
    belegter Zunge klingt)
    immerzu diese Ballade,
    die vom Rotkäppchen,
    in der er geradezu bade!! -

Dass er sie gerettet ...
(Und dauernd mit ihr nun chattet!)
Nachdem er sie förmlich entrissen
dem Wolf, dem bösen ...
Mit gutem Gewissen!!

Er hätte kein bisschen gezittert,
gekämpft mit ihm hart & erbittert,
ihn angegriffen, ihn angesprungen,
bis er ihn endlich niedergerungen ...

Und dann auch die Frechheit besessen,
das Recht!, das Recht!, ihn zu - fressen!
(Aus Liebe zu dir, liebes Rotkäppchen!)

Wie süß es war mit den Schläppchen!
Mit dem Kleidchen, dem Käppchen, dem roten,
& den Tränchen - bei Gott! - für den toten
Wolf, diesem Schuft, diesem Ungeheuer ...
(Der ihr wohl war lieb und teuer!?)

Da half auch kein Betteln & Bitten;
sie waren total verstritten!
Was fiele ihm da bloß ein?!
Platz' einfach da so in ein Märchen rein …

'ne Frechheit! - Und schon auch deshalb so schlimm:
Sie steh' in der Schuld der Gebr. Grimm
& anderer, älterer Quellen …
Er habe hier nichts zu bestellen! –

Er sang nicht mehr; er knurrte: Kind,
es lag an den Brüdern, die waren so blind,
die hätten mich nie da mit reingenommen
ins Märchen, in deins, ach, Rotkäppchen ...

Das er doch so lieb gewonnen;
das er doch so lieb gewonnen ...

Nie drüber hinweggekommen!
        Nie drüber hinweggekommen!

30.07.2019

Des Försters Junge

Ob der, des Försters Junge, fragt sich
jeder, ob der vielen Wilderer im Wald so
laut & vorwurfsvoll da seinen Schmerz
herausbrüllt, eben da dort oben von der
Zeder,

womit er wohl das Leid der vielen wilden
Tiere dort beklagt, die, was offenkundig,
mitleidlos bejagt, gehetzt, verletzt & um
ihr junges Leben noch gebracht zuletzt:
> Ihr Schufte, ihr! - Habt ihr kein Herz?!
Fühlt ihr der Tiere Kummer nicht, nicht
ihren Schmerz?! - Nicht der Bachen & der
Ricken Leid, wenn ihre Jungen, sei es
Frischling oder Rehkitz oder Spitz (!), vor
ihren Augen sterben müssen: weit vor,
weit vor der ihnen zugedachten Zeit?! –
Gemeine Schufte seid ich, dass ihr's wisst!
Gott gebe, dass ihr dafür büßen müsst! <
Ob der, des Försters Junge, fürchten viele,
ob seiner übersteigerten Gefühle sich
nicht noch selbst am meisten schade,
blind für die furchtbaren Schmerzen, in
denen er förmlich bade, und damit der
Tierwelt verloren ginge, um deren Erhalt
er da oben ja ringe, da oben auf dieser
mächtigen - Zeder?! –

Bis er, des Försters Junge - Und das be-
merkte bald jeder - eben genau dieses
Problem begriff & zur Feder, dachte ich,
griff … - Pardon: zu Instagram & Co! –
Und bekämpfte die Wilderer eben so!

Und das gab 'n solches Hallo! Und, ja,
'n solches sich steigerndes Echo,
dass sich da bei den Behörden dann doch
schließlich etwas bewegte & man diesen
brutalen Wilderern endlich das Handwerk
legte! –

Wow! Wow! Wow! –
Das war es: genau! Das war es: genau!
Empathie! Energie! Und klar: Know how!

Hütehund

(Was denn; was denn:
>ungesund<?!)

Klar hätt' ich Schiss!
     Klar hätt' ich Schiss!,
dass mein Golden Retriever,
der nie auch nur ein Spätz-
chen riss, aber ungeachtet dessen
immer meint, dass er
sich um mich kümmern müss',
den oder die biss',
die oder den ich,
weil mir halt gerade
danach is',
küss' ...

(Ins Bein schon mal: in die Wade
 oder ins Knie. - Was bei mei-
nen Partnern aber nie
gut ankam irgendwie!)
Und uns dann ganz schnell ...
- Klar, Mann: Ein echtes
Ärgernis! -
unwiderruflich aus-
einanderriss!

(Mit oder ohne Muskelriss.)
Wütend, total: er/sie & äußerst
sauer! - (Dein Doggy, der liegt
einem ja förmlich auf
der Lauer! - Zeig's ihm, sag's ihm,
dass er sich endlich - verpiss'!)
Ja, gewiss!
Ja, gewiss!

Räumte ich ein mit wieder äußerst

schlechtem Gewissen …
- Gebissen oder nicht gebissen! -,
um ihnen damit quasi die >Wei-
ße Fahne< zu hissen:
Das hätte ich wissen müssen!!
Das hätt' ich vermeiden müssen!!

Aber sollt' ich sie deshalb kassieren,
meine Liebe zu den Tieren?!
Eben darum - und das ist ja wohl
mein Verhängnis - kam ich
immer wieder in Bedrängnis (also
durch meinen, muss ich wohl sagen,
>Hütehund<.)

//: Aber immerhin (noch) nicht ins
Gefängnis! -://

(Ticken wir: Herr & Hund, Hund &
Herr, was die >Liebe< anbetrifft,
doch ziemlich gleich im Grund'.)
Bleibt alle - gesund!

09.02.2021

Schnecken

(Nicht ganz ohne
      Angst & Schrecken!)

Diese Schnecken, die da im Waschbecken stecken,
die sollte ich unbedingt wecken!
Sofort! -
Denn, mal ehrlich, was machten die dort?!

Pusten?! - Nee, war nicht genug!
Wasser, kaltes, kam auch zum Zug.
Es hat aber nichts gebracht:
Nicht eine Schnecke ist aufgewacht!
Dann hab' ich's mit Schnaps versucht …
War nichts! Gar nichts! - Was hab' ich geflucht!
Parfüm?! - Wow! - Da war doch ein Brummen,
ein schwaches, zu hören
von den Schnecken, den stummen!
Es brach aber gleich wieder ab! -

Ob ich mir nicht besser'n - Messer schnapp'?
Ein scharfes Messer wie das da: schnipp-schnapp?!
Wo ich sie ja dann hätte töten müssen!?
Wo ich sie ja dann hätte töten müssen!? -
Da hätt' ich 'n ganz, ganz schlechtes Gewissen …

Ich bin dann zunächst mal in mich gegangen,
danach erst 'ne Weile spazieren gegangen …
Und als ich mich schließlich wieder gefangen,
da kam ich gefasst nach Hause zurück.

Und sie, sie waren dann weg zum Glück!
Die Schnecken, die aus dem Waschbecken.
Nee, nirgendwo mehr zu entdecken!?

Mein Sohn, der grinste: Du Dummi!
Die waren - Kein Scherz! - aus - Gummi!

18.05.2024

(Foto: Michael Thomsen)

Morgenglück

Die Eiche.
Ein Ast.
Die Taube.
Von Licht
erfasst.

Worauf sie,
verführt,
herum-
spaziert.

Licht.
Mehr
Licht.

Der Wald
tritt
zurück.

Sie lässt sich
fallen ins
Morgenglück.

27.03.2011

Walhelfer

Jedesmal, wenn ein Wal
den Kanal durchschwamm,
kam es zur Kollision
mit meinem riesigen Megaphon,
mit dem ich ihn warnte,
den Schiffsverkehr.
(So groß, wie sie waren
und schwer!)
Inzwischen, das finde ich wirk-
lich fair, halten sie Abstand,
die Wale, viel, viel - mehr!

22.04.2024

Meriten

Der Arbeit, unserer, Meriten:
Der Garten da ist voller Blüten!
Die Bienen schwirren drin herum;
und dann der Hummeln
laut Gebrumm!

Die Farben derer sind so viele.
dass sie uns, voller Lustgefühle,
locken raus in die Natur! –

Und dann der Duft:
Ja, Frühling pur!

29.05.2023

Schulausflug

(Ein schöner Zug)

Von Stimmen, von stummen,
und Hummeln, die brummen
im Blumenbeet.

Dass ihr's nun versteht, jetzt,
wo ihr sie seht: Worum
es den Hummeln geht.

30.05.2022

126

Von Ziegen

(Und deren dring-
       lichen Anliegen)

Dass Ziegen fast nie in die Städte
zögen und sie auch nicht
mögen: Warum?! –
Weil Grünes dort nur noch
in Läden zu kriegen und
Hunde & Katzen dort überwiegen,
das finden sie einfach zu – dumm!

09.12.2022

(Foto: Angela Bens)

127

Die Schriftroller-Gruppe

Aus einer gemeinsamen Lesung heraus ist im Jahr 2008 die KuBISS-Autorengruppe „Schriftrolle" entstanden. Aktuell gehören folgende Autoren der Gruppe an: Wolfgang Meyer, Johannes Eidt, Renate Berger, Ines Täuber, Uwe Schwindt, Anne Koch-Gosejacob, Leo Menkhaus, Dirk Bardelmeier, Michael Thomsen und Cornelia Bramkamp.

Anlässlich des 375-jährigen Jubiläums zum Westfälischen Frieden veröffentlichte die Autoren-Gruppe unter dem Titel „Poesie des Friedens" ihre erste gemeinsame Anthologie.

Die Autorengruppe „Schriftrolle" führt regelmäßig Treffen und gemeinsame Lesungen durch. Weiterführende Informationen zu den Treffen sowie zu den Veranstaltungen finden Sie unter: http://www.kubiss.net/schriftrolle/ueber-uns/ .

Uwe Schwindt

"Fotografieren ist für mich Malen mit Licht.
Gerne habe ich mich hier eingebracht."
(Angela Bens)